L'INSTITUTRICE

PAR

EUGÈNE SUE

PARIS
ALEXANDRE CADOT, ÉDITEUR
33, RUE SERPENTE
1851

L'INSTITUTRICE.

Ouvrages de Xavier de Montépin.

Brelan de Dames	4 vol.
Le Loup noir	2 vol.
Confessions d'un Bohême	5 vol.
Les Chevaliers du Lansquenet	10 vol.
Les Viveurs d'autrefois	4 vol.
Pivoine	2 vol.
Les Amours d'un Fou	4 vol.

Sous presse.

Mignonne.
Le Vicomte Raphaël.

Ouvrages d'Alexandre Dumas fils.

Tristan le Roux	5 vol.
La Dame aux camélias	2 vol.
Aventures de quatre femmes	6 vol.
Le docteur Servans	2 vol.
Le Roman d'une femme	4 vol.
Césarine	1 vol.

Sous presse.

Monsieur Théodore.
Henri de Navarre.
Les Amours véritables.

Ouvrage de G. de La Landelle.

Les Iles de Glace	4 vol.
Une Haine à Bord	2 vol.

Sous presse :

Le Morne aux Serpents.
Le Prince d'Ébène.

Impr. de E. Dépée, à Sceaux (Seine).

L'INSTITUTRICE

PAR

EUGÈNE SUE.

4

PARIS
ALEXANDRE CADOT, ÉDITEUR,
33, RUE SERPENTE.
—
1851

I

La nuit s'approchait de plus en plus.

M. de Morville et miss Mary se trouvaient seuls dans le pavillon du Rocher.

A peine William fut-il sorti que M. de Morville dit à l'institutrice :

— Miss Mary, les plus simples convenances m'empêchaient de vous demander devant un étranger quel serait l'emploi de la voiture que je suis heureux de mettre à vos ordres. Puis-je maintenant, sans être indiscret, vous adresser une question à ce sujet ?

— Je serais allée au-devant de votre désir, monsieur, si vous ne m'eussiez prévenue ; je me servirai de cette voiture pour me rendre à Tours, et de là je partirai pour l'Angleterre.

M. de Morville tressaillit ; puis, regardant l'institutrice avec stupeur, car il ne pouvait croire à ce qu'il entendait, il s'écria :

— Quoi ! miss Mary, vous dites...

— Je dis, monsieur, que je retourne en Angleterre, où je suis rappelée par ma famille...

— Partir ! mais c'est impossible ! un départ si brusque, si peu attendu !

— Ne voyez pas, de grâce, monsieur, dans ce départ imprévu, un manque d'égards envers vous. Non, car avant l'arrivée du digne serviteur qui est venu m'instruire des intentions de ma famille, j'étais décidée à partir, et, croyez-moi, il a fallu des raisons graves, très graves, pour me forcer à une pareille résolution.

— Partir, — s'écria douloureusement M. de Morville sans arrêter son attention sur les dernières paroles de miss Mary; — partir! Quoi! ce serait la dernière fois que je vous verrais, que je vous parlerais! Mais c'est impossible! on ne tue pas ainsi un homme d'un seul coup! car vous savez bien que vous me tuez! vous savez bien que je ne puis pas vivre sans vous, vous savez bien que je vous aime !

— Ah ! monsieur, monsieur ! — s'écria miss Mary devenant pourpre de confusion, — pas un mot de plus ! Je ne veux pas avoir entendu ces paroles outrageantes !

— Oh ! ne dites pas que vous ignoriez mon malheureux amour. Vous savez quel charme irrésistible m'a attiré vers vous, quel bonheur j'avais à vous dire ma vie, mes secrètes pensées, mes torts mêmes ! Une réserve craintive suivit ce premier entraînement ; mais c'était la lutte du respect, de l'honneur, contre une passion fatale. Ah! les traces de cette lutte n'ont dû être que trop évidentes à vos yeux! Quoi! vous n'avez pas deviné la cause de ce sombre découragement qui me faisait rechercher la solitude où je m'isolais de tout intérêt, de toute affection? Et ces nuits sans sommeil passées à dévorer mes larmes, à m'exagérer encore les conséquences de ce funeste amour, afin de le dompter! Quoi! vous n'avez rien deviné, rien lu sur mes traits, dans mes yeux rougis par les pleurs et par les veilles? Mon Dieu! mon Dieu! avoir tant souffert... tant souffert! et n'avoir pas même cette consolation de me dire : On sait que j'ai souffert et peut-être on me plaint!

En parlant, M. de Morville se laissa tomber sur un siége. Miss Mary effrayée de la violence des paroles qu'elle venait d'entendre, n'osa pendant un moment répondre de peur d'irriter davantage cette douleur éclatant pour la première fois avec une si effrayante impétuosité.

— Vous m'accusez, monsieur, — reprit enfin l'institutrice d'un ton de reproche sévère et digne, — vous m'accusez lorsque mon seul tort est d'avoir eu foi dans votre honneur, dans votre loyauté !

M. de Morville releva la tête à ce mot; miss Mary continua :

—Oui, car jamais, oh! jamais! monsieur, je ne vous aurais cru capable d'oublier vos devoirs envers moi. Et ces devoirs étaient aussi impérieux, aussi sacrés que les miens envers votre famille. Vous saviez mes malheurs, vous me deviez de la compassion ; vous saviez mon honnêteté, vous me deviez du respect; vous saviez qu'un projet d'union, fondé sur une affection d'enfance, était brisé par l'infortune des miens, vous me deviez de la pitié. A tous ces devoirs sacrés pour un homme de cœur, vous venez, monsieur, de manquer cruellement !

— Hélas! suis-je donc si coupable? —

reprit M. de Morville avec un accablement douloureux, — est-ce ma faute si dans la monotonie de mon existence est tout à coup apparue une personne dont les talents, l'éducation, le caractère ont été appréciés par tous et par moi ? est-ce ma faute si le hasard, en vous livrant un secret de ma vie, a redoublé ma confiance envers vous ? est-ce ma faute si cette confiance s'est changée en affection ? et cette affection vous l'ai-je fait connaître par des moyens que l'honneur réprouve ? Ai-je tenté de pervertir votre esprit, de séduire votre cœur ? Non, non, j'ai souffert, souffert en silence, souffert seul, souffert toujours, et mon crime, quel est-il ?... c'est de vous faire l'aveu de cette souffrance, le jour où vous allez me laisser pour jamais en proie à un désespoir incurable !

Les paroles et l'attitude de M. de Morville révélaient une douleur si vraie, si profonde, que miss Mary, au lieu de lui répondre avec l'amertume de la dignité offensée, ne vit en lui qu'une âme faible et malade qu'il ne fallait pas irriter, mais réconforter et guérir. Elle répondit donc à M. de Morville :

— Soyez satisfait, monsieur, je vous plains. Oui, je ressens pour vous, non cette compassion sympathique, généreuse, qu'inspire un malheur touchant et immérité, mais cette triste pitié qu'inspire l'abaissement, la défaillance d'un esprit qui, ayant conscience du mal, est impuissant pour le bien... Vous, homme de courage physique, vous n'avez aucun courage moral : une passion coupable, insensée, envahit votre cœur, et, au lieu de la combattre, de la vaincre, vous ne savez que la subir et la déplorer en secret dans le sombre désœuvrement d'une vie stérile... vous, vous à qui Dieu a donné une famille à aimer, à guider dans la vie !

— Non, non, miss Mary, je n'ai pas été

faible contre cette passion. J'ai lutté, je me suis épuisé dans cette lutte, et vous l'eussiez toujours ignorée, si aujourd'hui vous ne m'aviez pas dit : Je pars !

—Et pendant qu'épuisant vos forces dans cette lutte, concentré en vous-même, indifférent à ce qui se passait autour de vous, oublieux de tous vos devoirs, vous ignoriez que le désordre et le malheur menaçaient votre maison ; je les voyais, moi, ces malheurs. J'ai tenté de les conjurer. Aussi, monsieur, lors même que je n'aurais pas eu à me rendre aux désirs de mes parents qui me rappellent près d'eux, mon départ eût été indispensable.

— L'ai-je bien entendu? — s'écria M. de Morville. — C'est moi, dites-vous, qui suis cause de votre départ?

— En quittant cette maison, monsieur, je fuis les conséquences de votre aveuglement déplorable.

M. de Morville regarda miss Mary avec étonnement. Elle continua :

— N'était-ce pas à vous, monsieur, mûri par l'expérience, de prévoir que votre fils pouvait céder à un sentiment involontaire? Etait-il prudent, était-il convenable de le rapprocher sans cesse de moi, en l'associant à une partie des études de sa sœur? Non, non, et, ne fût-ce que par égard pour ma position, vous ne deviez pas exposer votre fils à un danger que ma dignité même m'empêchait de vous signaler.

— Que dites-vous! — s'écria M. de Morville en frissonnant. — Gérard vous aime?

— S'il en était ainsi, monsieur, de vous ou de moi, qui votre fils devrait-il accuser? Est-ce moi, qui ai mis dans mes rapports avec lui la plus extrême réserve, ou bien vous, dont la coupable imprévoyance abandonnait ce malheureux enfant aux entraînements de son âge? Ainsi, dans votre coupable aveuglement, vous ne soupçonniez pas même que votre fils souffrait, lui aussi, d'une passion insensée qui le faisait votre rival.

— Lui! mon fils! mon rival, s'écria M. de Morville, écrasé de honte et de remords, et il cacha son visage dans ses mains en murmurant : — Ah! c'est trop! c'est trop!

Miss Mary poursuivit :

— Et votre fille? a-t-elle été plus que son frère l'objet de votre sollicitude ? La langueur, le dépérissement de cette pauvre enfant, ont-ils éveillé vos soupçons, vos alarmes sur la cause réelle de sa maladie?

M. de Morville regarda miss Mary avec une surprise remplie d'anxiété, puis il dit :

— Ne savez-vous pas que le médecin attribue l'état maladif d'Alphonsine à des accidents nerveux ?

— La vigilante tendresse d'un père,

monsieur, eût bientôt deviné l'erreur du médecin.

— Que voulez-vous dire?

— Ainsi, monsieur, vous n'avez aucun soupçon, aucun ombrage en voyant M. de Favrolle ajourner, reculer sans cesse l'époque de son mariage avec votre fille?

— L'état de santé d'Alphonsine n'explique que trop les retards apportés à son mariage.

— Mais la cause, la vraie cause des souffrances de votre fille, monsieur, c'est la jalousie.

— Alphonsine jalouse! et de qui, mon Dieu?

— De moi, monsieur; mais grâce à Dieu, je l'ai détrompée.

— Alphonsine, jalouse de vous, miss Mary? — reprit M. de Morville avec une stupeur croissante. — Et de cette jalousie, quelle est la cause?

— M. de Favrolle.

— Il vous aime?

— Il croit m'aimer; il n'en est rien. Ce goût passager, un moment irrité par mon indifférence, s'éteindra bientôt chez M. de Favrolle : il reviendra au véritable vœu de son cœur, et Alphonsine trouvera, dans un prochain mariage, l'oubli de ses chagrins, la réalisation de ses plus chères espérances. Et maintenant, monsieur, songez à la terrible responsabilité qui pèserait sur vous, si, ce qu'à Dieu ne plaise, le bonheur, l'avenir de vos enfants, étaient à jamais compromis!

M. de Morville avait écouté miss Mary

avec une douleur croissante et un redoublement de honte et de remords. Bientôt la salutaire influence des paroles de l'institutrice réagit sur lui ; il releva son front jusqu'alors courbé sous la confusion, et l'expression inerte et souffreteuse de ses traits fit place à une résolution calme et digne. Il tendit la main à la jeune fille, et comme elle hésitait à la prendre, il lui dit d'une voix ferme et pénétrée :

— Miss Mary, ne refusez pas cette main, c'est celle d'un homme qui, après avoir été assez faible, assez lâche pour oublier ses devoirs les plus sacrés, à votre voix se réveille d'un songe pénible. L'illusion cesse, la réalité paraît; vos révélations m'ouvrent les yeux, je reconnais enfin combien j'ai été coupable ; je reconnais la funeste responsabilité que j'ai encourue envers mon fils, envers ma fille, qui pourraient, hélas! me demander compte de leur avenir si tôt flétri. Eux, eux qui réunissaient toutes les chances de bonheur désirable! La leçon est cruelle, mais elle ne sera pas stérile. Toute mon énergie, toute ma raison, toute la tendresse que je ressens, que j'ai toujours ressentie pour mes enfants, seront employées à réparer mes torts. Je vous le jure, — ajouta M. de Morville en serrant de nouveau et cordialement dans la sienne la main de l'institutrice; — je vous le jure, miss Mary.

— Et je vous crois, répondit l'institutrice avec une expression de bonheur indicible; — oui, je crois à ce serment sacré !

— Serment indigne! infâme comme la bouche qui ose le prononcer! — s'écria la voix courroucée de madame de Morville; qui, instruite par madame Pivolet du *rendez-vous* de miss Mary et de M. de Morville, était accourue au pavillon et était entrée dans la bibliothèque au moment où M. de Morville, tenant la main de l'institutrice, celle-ci lui disait d'une voix émue et pénétrée : — Je crois à ce serment sacré.

Ces paroles, madame de Morville les interprétait comme un serment d'amour. Erreur concevable, si l'on songe aux délations de madame Pivolet et à ce hasard qui voulait que l'entretien de M. de Morville et de miss Mary eût lieu dans ce pavillon solitaire, à la tombée de la nuit.

II

M. de Morville, malgré la demi-obscurité que l'approche de la nuit répandait dans le pavillon, remarqua la pâleur des traits de sa femme et leur expression empreinte d'une exaltation douloureuse.

Miss Mary, encore plus surprise que

blessée des paroles insultantes arrachées par la colère à madame de Morville, resta calme et digne.

— Ainsi l'on ne m'avait pas trompée ! — reprit impétueusement la mère d'Alphonsine en regardant tour à tour son mari et l'institutrice, — un rendez-vous le soir ! dans ce pavillon isolé... avec l'institutrice de votre fille ! Ah ! monsieur.... monsieur ! si vous avez perdu toute honte, songez du moins à vos enfants.

— Louise ! — s'écria M. de Morville, —

je vous en supplie, revenez à vous, la colère vous égare ! Quoi ! sur le rapport mensonger d'une misérable folle, vous osez croire !

— Je crois, monsieur, ce que je vois, et je vois ici dans ce pavillon mon mari en tête-à-tête avec sa maîtresse.

— Madame, — reprit M. de Morville en tâchant de se contenir, — Je sais la part qu'il faut faire à l'aveugle violence de votre caractère, mais je ne souffrirai pas que devant moi vous osiez ainsi calomnier, outrager mademoiselle Lawson.

— Monsieur, — dit vivement miss Mary, — si vous avez pour moi le respect que je mérite, je vous en conjure, ne me défendez pas; il me serait pénible d'être cause d'une discussion irritante entre vous et madame de Morville.

— C'est charmant! — s'écria la mère d'Alphonsine en poussant un éclat de rire sardonique. — Grâce au bon accord du ménage, mademoiselle désirerait continuer en parfaite tranquillité le rôle indigne qu'elle joue chez moi!

— Louise, — reprit M. de Morville, malgré un geste suppliant de miss Mary, —

mais vous perdez la raison! mais vous outragez ce qu'il y a de plus noble, de plus pur au monde!

— Madame, — dit miss Mary en interrompant M. de Morville et s'adressant à sa femme, — il est des soupçons si odieux, si insensés, qu'ils ne peuvent blesser une âme honnête; vous n'êtes pas en ce moment maîtresse de vous-même. Je ne répondrai rien à des paroles que vous regretterez bientôt. Deux années de séjour ici m'ont appris à vous connaître, madame, et si quelquefois j'ai, sans me plaindre, souffert de la vivacité de vos premiers mouvements, j'ai pu souvent aussi apprécier la bonté de votre cœur.

— Assez, mademoiselle, assez! Croyez-vous me rendre dupe de vos hypocrites et basses flatteries? Croyez-vous m'imposer silence par cette feinte résignation?

— Je n'ai d'autre désir que de vous convaincre de votre erreur. Parlez donc, madame, je vous écoute, et vous promets de ne pas vous interrompre.

Cette promesse et le sang-froid de miss

Mary déconcertèrent d'abord madame de Morville; ainsi qu'il arrive à toutes les personnes d'un caractère violent, sa colère puisait de nouveaux aliments dans la résistance et dans la contradiction, mais souvent elle s'éteignait devant le silence et le calme. Cependant, ses jalousies, ses rancunes puériles de toutes sortes, et surtout sa conviction des tendres relations de son mari et de l'institutrice, suffirent à l'explosion de la colère de madame de Morville, et elle s'écria :

— Soit, mademoiselle, vous serez satisfaite, et puisque vous daignez, ainsi que M. de Morville, me permettre de parler, vous saurez tout ce que j'ai sur le cœur, et d'abord je vous dirai que vous ressemblez à toutes vos pareilles ; une fois introduites dans nos familles, mesdemoiselles, vous y prenez des goûts, des habitudes de bien-être auxquels il vous coûte tant de renoncer, que pour l'éterniser, s'il est possible, vous cherchez à vous créer, par tous les moyens, honnêtes ou non, une position qui survive à vos fonctions ; la jeune fille que l'on vous confie est l'objet de vos premières captations ; son éducation vous sert de prétexte pour l'isoler de ses parents, pour l'accaparer afin d'en faire une esclave docile, vous réservant d'être plus tard sa conseillère indispensable, ou au pis aller sa complaisante peu scrupuleuse,

Pour arriver à ce noble but, il faut surtout éloigner la mère, qui ne sait qu'aimer son enfant, et à l'aide de talents acquis, sans doute à cette louable intention, écraser sous une comparaison humiliante l'épouse dont on redoute l'influence auprès du mari. Rien de plus facile; on est jeune, belle, séduisante; le mari est exposé à une séduction de tous les instants; il est faible, l'on est rusée, hypocrite, tenace, et bientôt le chef de famille, dominé par une étrangère, soumettra sa femme, ses enfants à la tyrannie d'une créature qui devient ainsi la seule maîtresse de la maison. Malheureusement, voyez-vous, mademoiselle, parfois il se rencontre des femmes qui, hors d'état sans doute de lutter de charmes, de grâce, de talents, avec l'institutrice, qu'elles paient, finissent par se révolter de l'impudeur et de l'impudence de certaines prétentions et y mettent un terme par le moyen fort simple que voici : Un beau matin, ou plutôt un beau soir, elles disent à l'institutrice dont les odieux projets sont dévoilés : — Mademoiselle Lawson, je suis chez moi ! — Et la main de madame de Morville, arrivée au paroxysme de la colère, indiqua d'un geste outrageant la porte à miss Mary ; — mademoiselle Lawson, je suis chez moi et je vous...

— Arrêtez, Madame ! — s'écria la jeune

fille d'un ton à la fois si imposant, si fier, que madame de Morville n'acheva pas, — pas un mot de plus, dans votre intérêt, non dans le mien, car il est des outrages qui ne peuvent m'atteindre.

— Dans mon intérêt! — reprit madame de Morville ; — que voulez-vous dire, mademoiselle? est-ce une menace?

— C'est une prière, Madame ; je veux sortir de chez vous en emportant l'affection de votre famille, et votre estime, Madame; oui, votre estime. Voilà pourquoi je vous prie de ne pas céder à un entraînement. Voilà pourquoi je vous prie de vouloir bien m'entendre.

— Emporter mon estime, à moi? Ah çà! vous me croyez donc bien sotte ou bien lâche, mademoiselle Lawson? mon estime! à vous qui avez amené le malheur, la désolation dans notre famille, depuis le premier jour de votre arrivée, où mes enfants ont été déshérités par leur oncle, jusqu'à aujourd'hui où vous m'enlevez l'affection de mon mari!

— Vous m'accusez, Madame, de vouloir vous enlever l'effection de M. de Morville et d'aspirer à dominer chez vous? Voici ma réponse : Avant un quart d'heure vous verrez arriver près de ce petit pavillon la voiture que tantôt M. de Morville a bien voulu mettre à ma disposition pour aller à Tours, et de là je me rendrai en Angleterre...

— Vous partez! — s'écria madame de Morville, frappée de stupeur; puis elle reprit : — Non, non, c'est un mensonge ou un piège !

— Louise, — dit M. de Morville, — il y a une heure, à la demande de miss Mary, j'ai envoyé d'ici au cocher l'ordre d'atteler et d'amener la voiture. Elle sera dans un moment à la porte du parc.

Madame de Morville, dont la colère ne savait plus pour ainsi dire où se prendre, fut complètement déroutée par l'annonce du départ de miss Mary.

— Maintenant, Madame, je l'avoue, — reprit l'institutrice, ma présence dans votre famille a amené des malheurs que je regrette profondément, car j'en suis la cause involontaire.

— Involontairement ou non, — s'écria

madame de Morville, vous êtes un *porte-malheur*, ainsi qu'il y a deux ans, lors de votre arrivée ici, je le disais à M. de Morville, qui, par prévision sans doute, prenait déjà votre parti contre moi.

— Madame, en agissant ainsi, M. de Morville cédait à un sentiment naturel d'équité; était-il juste de me rendre responsable de malheurs dont je suis, je le répète, la cause involontaire?

— Et sur qui donc alors, Mademoiselle, retombera cette responsabilité?

— Je n'ai pas provoqué cette question,

Madame, il est de ma dignité, de mon devoir d'y répondre avec une extrême sincérité. D'abord, permettez-moi de ne pas croire aux *porte-malheur*, à cette fatalité fâcheuse qui s'attacherait à ma présence ou à ma personne.

— Enfin, les faits sont là, Mademoiselle, ils existent, malheureusement pour nous !

— Oui, Madame, les faits existent. Seulement je crois que ma présence dans une autre famille n'aurait pas produit les mêmes faits. Veuillez, de grâce, me laisser achever, — ajouta miss Mary en répondant à un mouvement d'impatience de Madame de Morville. — Croyez-vous que si, malgré cette prétendue fatalité inséparable de ma personne, je m'étais trouvée au milieu d'une famille où les graves devoirs de chacun eussent été rigoureusement observés, où certaines différences de caractères, de goûts, chez les maîtres de la maison, au lieu de se développer de plus en plus sans contrainte, eussent été dominés, contenus, par ces pensées, — l'exemple à donner aux enfants, — la vigilante sollicitude à exercer sur eux, — alors franchement, madame, les malheurs que l'on me reproche seraient-ils arrivés ?

— Ainsi, mademoiselle nous reproche,

à moi, d'avoir méconnu mes devoirs de mère, à vous, monsieur, vos devoirs de père.

— Et mademoiselle Lawson a raison, Louise, — reprit M. de Morville d'une voix grave. — J'ai eu tort de me laisser aller à des habitudes d'isolement, et au lieu de refuser vos offres si souvent réitérées de partager mes goûts solitaires, j'aurais dû accepter; grâce à quelques concessions mutuelles, j'aurais un peu plus sacrifié au monde et vous y auriez sacrifié un peu moins; au lieu de rester des mois entiers éloignés l'un de l'autre, nous livrant chacun à l'existence que nous préférions, et ne prêtant, il faut le dire, qu'une attention secondaire à l'éducation de nos enfants, nous aurions dû les entourer constamment de nos soins, et aujourd'hui, hélas! nous n'aurions peut-être pas à nous reprocher...

— Pardonnez-moi de vous interrompre, monsieur, — dit vivement miss Mary; — loin de moi toute idée de récrimination stérile; je tenais seulement à convaincre madame de Morville qu'avec son bon sens et son bon cœur, elle ne pouvait croire à la fatalité de ma présence en cette maison.

— Tout ce que je sais, mademoiselle,

c'est que nous étions tous heureux et tranquilles avant votre arrivée ici, — reprit madame de Morville avec amertume, — et aujourd'hui vous partez nous laissant dans le chagrin.

— Ah! madame, le jour le plus malheureux de ma vie serait celui où je quitterais votre famille avec la douloureuse conviction que mon nom y serait maudit.

— Hé! mademoiselle, ce sont là des phrases, rien de plus. Je veux bien croire, si vos projets de départ étaient réels et connus d'avance, que l'on vous a calomniée quant à ce qui regarde M. de Morville, mais enfin il n'en est pas moins vrai que mes enfants sont déshérités par leur oncle, que ma fille se meurt d'une maladie de langueur, et que mon fils est méconnaissable.

— Un mot encore, madame. Vous m'avez appelée chez vous pour achever l'éducation de votre fille ; je m'adresse à votre loyauté : ai-je honorablement rempli ma mission ?

— Mon Dieu, mademoiselle, je dis le bien comme le mal. Oui, vous avez complété l'éducation d'Alphonsine au-delà de nos espérances, mais il ne s'agit pas de cela.

— Pourtant, madame, je ne suis venue chez vous que pour achever l'éducation de votre fille : aussi pourrais-je me borner à vous répondre qu'ayant accompli mes devoirs à votre satisfaction, je suis au-dessus de tout reproche ; mais cela ne me suffit pas ; non, et je vous le répète, madame, je ne veux pas laisser ici le chagrin, le malheur ; je n'oublie pas avec quelle bienveillance j'ai été accueillie dans votre famille.

— Mais, encore une fois, mademoiselle,

ce sont là des phrases, et les belles phrases n'empêcheront pas mes enfants d'être déshérités par leur oncle!

— M. de la Botardière reviendra, madame, sur cette fâcheuse résolution, j'ose presque vous le promettre, madame.

— Vous, mademoiselle ?

— Oui, madame.

Madame de Morville sourit d'un air sardonique en haussant les épaules, puis ajouta :

— Et sans doute vous rendrez aussi comme par enchantement la santé à ma fille ?

— Je l'espère, madame, car j'ai déjà commencé sa guérison. Ainsi, croyez-moi, lorsque tout à l'heure, vous suppliant de retenir sur vos lèvres des paroles outrageantes, je vous disais vouloir m'éloigner d'ici en emportant votre estime, votre affection, je disais vrai ; et j'en suis certaine, vous m'accorderez cette estime, cette affection, du moment où la paix et le bonheur régneront dans votre famille.

— Oh ! certes, — reprit madame de

Morville avec un accent de doute et d'amertume ; — mais en attendant, je ne puis m'empêcher de maudire le hasard qui vous a amenée ici, mademoiselle.

La brusque entrée de madame Pivolet, précédant William de quelques pas, interrompit l'entretien. La femme de charge s'adressant à miss Mary, lui dit d'un air affairé :

— Mademoiselle, tout est prêt. La voiture est au bout de l'avenue ; j'ai porté dedans tout ce que Thérèse m'a remis, votre malle, votre chapeau, votre châle, votre manteau, car il fait froid, très froid ; la nuit va être tout à fait noire, et il faut bien vous couvrir, ma chère demoiselle.

— Miss Mary, — dit M. de Morville d'un ton contenu et pénétré, — vous voulez partir, nous respectons votre désir; mais laissez-nous du moins espérer que nous vous reverrons.

— Je ne sais, monsieur; mais j'espère, avant de quitter la France, accomplir la promesse que j'ai eu l'honneur de faire tout à l'heure à madame de Morville.

En disant ces mots, l'institutrice s'inclina devant madame de Morville. Celle-ci, cédant à un retour de bon naturel, fut sur le point de prier miss Mary de suspendre son départ, mais en proie à l'orgueil et à la rancune, elle répondit sèchement par un demi-salut aux adieux de l'institutrice, que M. de Morville, le cœur brisé, vit sortir toujours calme et digne, suivie de madame Pivolet et de William.

Pendant que miss Mary parcourait l'allée qui conduisait à la porte du parc auprès de laquelle attendait la voiture dont les deux lanternes étaient allumées, madame Pivolet se disait triomphante :

— Enfin, la belle Anglaise, te voilà chassée, mais tu ne sais pas ce qui t'attend au bord de la Mare-à-la-Femme-Fouettée. Le père Chênot et son monde sont prévenus, la lumière des lanternes les avertira de l'approche de la voiture, le cocher les laissera faire, et quand à ton insulaire d'Anglais, il sera seul contre six.

Au moment de monter en voiture, miss Mary dit au cocher :

— Joseph, combien y a-t-il de distance d'ici à la petite ville de Saint-Hilaire ?

— Deux heures, mademoiselle.

— Et de Saint-Hilaire au château de la Botardière ?

— Une petite lieue, mademoiselle.

— Pourrais-je, demain matin, trouver à l'auberge de Saint-Hilaire, où je passerai la nuit, une voiture pour me rendre au château de la Botardière ?

— Oui, mademoiselle.

—Alors, Joseph, au lieu de me conduire

à Tours, conduisez-moi à Saint-Hilaire.

— Oui, mademoiselle, dit le cocher, auprès de qui monta William.

— Comment! elle prend la route de Saint-Hilaire! s'écria d'une voix désespérée madame Pivolet ayant entendu donner cet ordre et voyant la voiture s'éloigner rapidement, — mais ils ne passeront pas par la route où le père Chênot attend la belle Anglaise! Ah! double scélérate, tu me le paieras!

III

Le château de la Botardière, avec ses murailles noirâtres, avec ses persiennes grisés, ses fossés remplis d'eau dormante, sa cour silencieuse, et sa grille de fer rouillé presque toujours fermée, avait, ainsi que son propriétaire, une apparence parfaitement inhospitalière.

Le lendemain matin du jour où miss Mary avait quitté le château de Morville, M. de la Botardière, assis au coin de son feu, achevait la lecture de son journal ; un paravent déplié en hémicycle au milieu d'un grand salon à boiseries grises, tristes et nues, protégeait le quinteux vieillard contre les courants d'air qui s'échappaient des fissures de quatre grandes croisées à petits carreaux, ornées de rideaux de cotonnade jaune ; vêtu d'une veste et d'un pantalon de molleton jadis blanc, coiffé d'un foulard en désordre, d'où s'échappaient quelques mèches de cheveux gris, M. de la Botardière jouissait d'autant plus complaisamment de la chaleur de son foyer, que ses jambes étaient préservées de la trop vive ardeur du feu par des jambards de carton simulant la partie antérieure d'une botte à revers. Ainsi plongé dans son fauteuil de tapisserie, les pieds sur les chenets, M. de la Botardière savourait les délices moroses de la solitude.

— Il est vrai, — disait-il, — il est vrai que je ne m'amuse point énormément. Mes journées sont longues, mes soirées n'en finissent pas; mais quel bonheur de penser qu'on est seul, que personne ne viendra vous mettre de mauvaise humeur, qu'on ne sera pas accablé de visiteurs qui viennent vous gruger ou vous assommer de leur désœuvrement; enfin, que l'on vit comme on veut, à sa guise, rentrant chez soi ou en sortant à son gré, ne faisant de frais pour personne! Quand mon neveu venait avec sa famille ou que j'allais à Morville, c'était autre chose, je le sais bien : il y avait parfois d'assez bonnes journées. J'avais mon franc-parler, je disais son fait à chaque personne de la famille; personne n'osait me répliquer : avantage que l'on trouve seulement chez des parents qui savent respecter vos cheveux blancs; car, hors de là, il faut voir comme on est reçu lorsque l'on dit aux gens leurs vérités. Quelles bourrades on reçoit! c'est à dégoûter de la sincérité! Tandis qu'à Morville je pouvais grogner, bougonner, rabâcher, sans conteste. Mais, bon! je suis bien sot de regretter ces gens-là ; ce sont des ingrats, des gens cupides. Avec quel bonheur je me dis : Ils sont vexés, furieux d'être déshérités! Il ne se passe pas de jour qu'ils ne regrettent ma fortune. Et puis après tout, si j'allais chez eux, ils venaient chez moi me faire des visites de surprise, comme ils disaient, et rien ne m'était plus odieux, plus insupportable que des visites qui me tombaient des nues, au moment où je ne m'y attendais pas. Mais, Dieu merci! maintenant je suis délivré de ces affreux ennuis, de ce cauchemar qui empoisonnait ma vie.

A cette espèce de défi jeté au monde par

M. de la Botardière, répondit le bruit aigu du sifflet du portier (l'on annonçait encore ainsi, selon la vieille coutume, les rares visiteurs du château de la Botardière.)

À ce bruit, M. de la Botardière bondit sur son fauteuil, fronça le sourcil d'un air menaçant, et s'écria :

— Qui ose venir chez moi quand je n'attends personne?

Ambroise, vieux serviteur aussi hargneux que son maître et de plus fort sourd, entra d'un pas traînant dans le salon, et, avançant sa tête au-dessus du paravent, il dit à son maître :

— Monsieur, c'est une visite.

— Je ne reçois personne, — grommela M. de la Botardière en se cantonnant au fond de son fauteuil.

— Monsieur, c'est une demoiselle, — reprit Ambroise, qui n'avait pas entendu un mot de la réponse de son maître, — c'est une demoiselle anglaise.

— Une Anglaise!

— Elle vient du château de Morville.

— Une Anglaise... et elle vient du château de Morville ! — répéta M. de la Botardière avec une stupeur courroucée. — C'est impossible... tant d'audace !

— Et cette demoiselle anglaise, — reprit Ambroise, — s'appelle miss Mary.

— La drôlesse ! l'aventurière de cet infernal voyage de Calais ! — s'écria M. de la Botardière en se levant. — Comment ! elle ose venir me relancer jusqu'ici !

— Oui, monsieur, je vais la faire entrer ici, — reprit Ambroise croyant avoir compris l'intention de son maître, et il se dirigea vers la porte.

— Ambroise! — s'écria le vieillard, — maudit sourd! écoute-moi donc, je ne veux pas que...

— J'entends bien, monsieur, — répondit le serviteur en ouvrant la porte, et il dit d'un ton bourru : — Entrez, entrez, mademoiselle.

Au bout d'un instant, Ambroise ayant

écarté une des feuilles du paravent, M. de la Botardière se trouva face à face avec miss Mary, qui, entrant dans l'hémicycle formé par le paravent, dit au vieillard :

— J'ose espérer, monsieur, que vous excuserez ma visite en faveur du motif qui m'amène ici.

— Il n'y a aucun motif, mademoiselle, à une visite que je pourrais, que je dois qualifier en la taxant d'extraordinaire, d'exorbitante, d'audacieusement hostile, d'inconcevablement provocatrice.

— Provocatrice... est le mot, monsieur, — reprit miss Mary avec un doux et gracieux sourire : — je viens provoquer la générosité de votre cœur, et j'ai la certitude que vous répondrez à ma provocation.

— Vous vous trompez, mademoiselle, — reprit aigrement le vieillard, — je ne suis point généreux du tout ; je voudrais, corbleu ! bien savoir où vous avez vu des preuves de ma générosité ?

— C'est comme si vous me disiez, monsieur, que vous n'existez pas, parce que vous vivez retiré dans cette solitude, invisible à ceux qui vous aiment et vous vénèrent. Je veux donc croire, je crois à la bonté de votre cœur. Est-ce un grand crime?

Miss Mary accentua ces dernières paroles avec tant de finesse et de grâce; elle était si belle et si charmante, que, malgré sa morosité quinteuse, M. de la Botardière ne put s'empêcher de remarquer que la présence de cette jeune et délicieuse créature semblait *éclairer*, pour ainsi dire, sa sombre et chagrine solitude. Cependant, se rebellant contre cette pensée avec une vague appréhension, il répondit d'un air maussade :

— Mademoiselle, j'ai peu de goût pour la conversation ; vous vous êtes introduite chez moi ; que voulez-vous ?

— Oh ! mon Dieu, monsieur, la chose la plus simple du monde : je désire que vous rendiez votre affection, votre tendresse à votre famille.

— Vraiment ! s'écria M. de la Botardière, abasourdi, pouvant à peine croire à ce qu'il entendait ; puis il reprit bientôt, avec un courroux croissant : — Eh bien, à la bonne heure ! C'est net, c'est carré ; d'autres auraient pris des précautions oratoires pour annoncer de loin cette énormité ; mais vous...

— Oh ! moi, — reprit en souriant miss Mary, — en ma qualité d'avocat novice, comptant sur la bonté de ma cause et sur l'équité de mon juge, sachant d'ailleurs qu'il est de ces fermes esprits que de vaines paroles n'abusent pas, je vais droit au fait.

— De mieux en mieux ! Ainsi, vous venez tout bonnement, mademoiselle, me demander de rendre mon amitié à mon neveu et à sa famille?

— Oui, monsieur.

— Et aussi (puisque vous êtes en si beau chemin), et aussi de laisser à mon neveu ma fortune après moi.

— Naturellement.

— Naturellement!... Ah! vous trouvez cela naturel, mademoiselle. — Puis, poussant un éclat de rire sardonique, il dit:
— Soit! J'aime parfois, tout comme un

autre, ce qui est bizarre, et c'est une chose fort bizarre que d'entendre plaider une cause détestable par un avocat...

— Que l'on n'aime pas? — dit miss Mary avec son doux sourire, en interrompant le vieillard. — Mais du moins, monsieur, l'équité veut que cet avocat qu'on n'aime pas... on l'écoute.

— Oh! parlez, parlez. Vous l'avez dit : Je suis de ces fermes esprits que l'on n'abuse point avec de vaines paroles.

Malgré cette assertion triomphante, le

vieillard s'apercevait que son oreille, depuis longtemps habituée aux accents peu agréables de la voix d'Ambroise et de ses autres domestiques, éprouvait une sorte de plaisir à entendre l'organe frais et doux de la jeune fille ; mais très décidé à se montrer intraitable, M. de la Botardière ne vit aucun inconvénient à jouir de l'harmonie de cette voix charmante, et il dit à miss Mary :

— Je vous écoute, mademoiselle ; je suis curieux de savoir par où vous commencerez. Vous allez sans doute, pour me bien disposer en votre faveur, me parler d'abord de cet abominable voyage de Calais.

— Si je vous en parlais, monsieur, ce serait pour vous exprimer un regret : celui de n'avoir pas songé à me mettre sous votre protection pendant ce voyage.

— La belle idée que vous auriez eue là !

— Si je m'étais adressée à votre courtoisie, moi, étrangère et sans appui, m'auriez-vous refusé ?

— Je n'en sais ma foi rien.

— Vous ne dites pas non, et vous avez raison, car, malgré vos brusqueries, vos boutades, souvent injustes, votre cœur est bon.

— Ta, ta, ta, vous voulez m'enjôler.

— Parce que je vous parle de la bonté de votre cœur?

— Certainement.

— N'avez-vous pas aimé, tendrement aimé votre sœur ?

— Ah! celle-là, oui, — reprit le vieillard en cédant à un attendrissement involontaire. — Oh! oui, je l'ai aimée bien aimée!

— Je le crois, monsieur, votre émotion le dit assez.

— Vous vous trompez, mademoiselle, — se hâta de répondre M. de la Botardière, craignant de laisser prendre à miss Mary quelque avantage sur lui, — je ne suis point ému du tout.

— Pourquoi le nier ?

— Je vous vois venir, vous conclueriez de là que puisque j'ai tendrement aimé ma sœur, je dois également aimer mon neveu, sa femme et leurs enfants. Mais, corbleu ! c'est autre chose, — reprit le vieillard avec une irritation croissante, — des ingrats, des avides, qui ne songent qu'à mon héritage !

— Ce sont là, monsieur, des paroles injustes et déraisonnables.

— Mademoiselle! — s'écria M. de la Botardière, — voici la première fois que l'on ose me dire en face...

— La vérité, n'est-ce pas, monsieur? C'est mon habitude, je ne peux la changer, mais veuillez, je vous prie, me répondre : quelle a été la cause de votre rupture avec M. et madame de Morville? Mon arrivée chez eux.

— Certainement!

— S'ils avaient consenti à ne pas me prendre pour institutrice, vous n'auriez pas rompu avec M. et madame de Morville?

— Non.

— En un mot, ma seule présence au château vous empêchait d'y revenir?

— Oui, mademoiselle, oui !

— Alors, monsieur, rien ne s'oppose plus à ce que vous vous rendiez aux vœux les plus chers de votre famille : j'ai quitté le château de Morville, je n'y retournerai plus.

— Comment! vous n'êtes plus institutrice chez mon neveu?

— Non, monsieur; mais un mot encore. Vous reprochez à M. de Morville la cupidité qui lui fait, dites-vous, désirer votre héritage? S'il en était ainsi, si M. de Morville et sa femme avaient été des âmes vénales, auraient-ils un moment hésité à me sacrifier, lorsque vous leur avez dit : Je vous déshérite si vous gardez chez vous mademoiselle Lawson?

— Qu'est-ce que cela prouve? qu'ils ont mieux aimé en faire à leur tête que d'hériter de moi!

— Nous voici déjà, monsieur, bien près de nous entendre : votre neveu et sa femme ne sont plus des gens avides, intéressés, mais des gens qui en voulaient faire, ainsi que vous le dites, à leur tête ; qui ne voulaient pas, en un mot, chasser de chez eux, sans lui permettre de se justifier, une pauvre jeune fille étrangère, qui, en échange de l'éducation qu'elle venait donner à leur enfant, leur demandait le pain d'un père, d'une mère et de trois sœurs qu'elle avait quittés dans le pieux espoir de rendre leur infortune moins pénible. Dites, monsieur, dites, — ajouta miss Mary d'une voix pénétrante qui émut profondément et malgré lui M. de la Botardière, — M. et madame de Morville, pour s'être montrés équitables envers moi, ont-ils démérité de vous?

— Mademoiselle, si les choses se sont ainsi passées, j'avoue que... — Mais se reprenant et luttant contre le charme de miss Mary dont il subissait l'influence, le vieillard reprit brusquement : — Et d'ailleurs pourquoi mon neveu et sa femme ne m'ont-ils pas écrit tout ce que vous me dites-là?

— Ils ont envoyé près de vous leurs enfants, monsieur, vous avez refusé de les voir; après un pareil accueil, que pouvaient faire M. de Morville et sa femme? Vous les soupçonniez de cupidité, leur dignité s'opposait à d'autres tentatives de rapprochement : vous auriez pu y voir quelque arrière-pensée vénale.

— Je ne dis pas non, mais...

— Un mot encore, monsieur. Vous reconnaissez qu'en refusant de céder à votre désir, vos parents obéissaient à un sentiment honorable; malheureusement, ma présence, ma personne, vous étaient odieuses.

— Odieuse! odieuse! Mademoiselle, le mot est trop fort.

— Déplaisante, si vous le préférez.

— Déplaisante! encore moins, mademoiselle!

— Désagréable, importune, soit!

— Mais non, mademoiselle! pas du tout.

— Enfin, j'ai quitté le château de Morville; pourquoi lutteriez-vous plus longtemps contre le sentiment généreux qui vous attire vers une famille qui vous a toujours entouré de tendresse et de vénération?

— Quoi! vous me croyez assez faible pour désirer de revoir ces ingrats?

— Je crois, monsieur, qu'il ne se passe pas de jour où vous ne vous disiez : « Ah!
« le bon temps que celui où j'allais au
« château de Morville! J'étais parfois
« bourru, grondeur, mais ces gronderies,
« qui ne m'empêchaient pas d'être le
« meilleur homme du monde, n'éloi-

« gnaient personne de moi; on m'accueil-
« lait toujours avec autant de cordialité
« que de déférence. » Et l'on avait raison, monsieur, car ce grondeur était pour M. de Morville le frère d'une mère adorée, et à la seule condition de vous laisser aimer, vénérer, vous aviez le droit de gronder tout à votre aise.

— Mademoiselle, permettez...

— Non! non! à cette douce vie de famille vous ne pouvez préférer un isolement qui vous pèse! Oh! ne le niez pas, vous regrettez ces relations d'autrefois que la tendre déférence de M. de Morville, de sa femme, de leurs enfants, vous rendait si chères! Enfin, monsieur, soyez sincère. Qu'est-ce que l'existence que vous menez ici? Une vie froide, décolorée, monotone, sans attrait pour l'âme, sans charme pour l'esprit; mécontent de vous et des autres, vos meilleurs jours sont ceux où rien ne vous distrait de votre morne ennui. Laissez ces habitudes moroses et solitaires à ceux-là qu'un triste sort a privés des douceurs ineffables de la famille; jouissez-en donc, et ne soyez pas ingrat envers Dieu!

Le vieillard avait écouté miss Mary avec une émotion croissante; la grâce, la franchise, la raison, la touchante beauté de la jeune fille, faisaient sur lui une impression aussi profonde qu'inattendue.

— Mademoiselle, — s'écria-t-il soudain, après quelques moments de réflexion, — voulez-vous répondre sincèrement à mes questions?

— Je ne saurais vous répondre autrement, monsieur.

— Je ne suis point un sot; je connais mon neveu, et, quels que soient mes griefs contre lui, j'avoue que c'est un homme d'un excellent jugement; j'avais contre vous de très fâcheuses préventions; si mon neveu vous a gardée deux ans pour institutrice, c'est que mes préventions étaient fausses; j'ai su d'ailleurs par des étrangers que vous avez fait de ma nièce une personne accomplie.

— Bientôt, monsieur, je l'espère, vous serez à même de juger Alphonsine.

— Ce n'est pas de cela qu'il s'agit. Pourquoi quittez-vous le château? Miss Mary, vous êtes sincère : je vous adjure de me parler sans déguisement.

— Je quitte le château de Morville, monsieur, pour deux raisons : la première, c'est que l'éducation d'Alphonsine est à peu près terminée ; la seconde...

— Vous hésitez... La seconde, c'est que vous n'avez pas été traitée chez mon neveu comme vous méritiez de l'être !

— Monsieur...

— Ils vous ont rendue malheureuse ; je m'en doutais.

— Monsieur, veuillez m'écouter.

— Veuillez m'écouter vous-même, mademoiselle ! — s'écria le vieillard avec une amertume croissante. — Ah! ils vous ont rendue malheureuse? cela ne m'étonne pas; mais soyez tranquille, si vous le voulez, vous serez vengée, et moi aussi.

— Monsieur, je ne vous comprends pas.

— Miss Mary, vous êtes une honnête et loyale personne.

— Je crois pouvoir l'affirmer.

— Vous êtes sans fortune?

— Oui, monsieur.

—Vous adorez votre intéressante famille?

—Oh! de toutes les forces de mon âme!

— Vous seriez ravie de voir père, mère, sœurs aussi heureux que possible?

— C'est mon vœu le plus cher.

— Eh bien! chère miss Mary, vous avez un moyen d'assurer le bonheur de votre famille, le vôtre, et par-dessus le marché vous aurez le plaisir de vous venger de mon scélérat de neveu, qui a manqué d'égards envers vous.

— En vérité, monsieur, je...

— Miss Mary, — s'écria M. de la Botardière en jetant un coup-d'œil confus sur son costume de molleton, — je ne puis me faire comprendre, fagotté comme je le suis ; donnez-moi le temps de me raser, de m'habiller convenablement, et alors... — puis courant vers la porte, qu'il entrebâilla, il cria : — Ambroise ! Ambroise !

va m'attendre dans ma chambre à coucher... — Se retournant alors vers l'institutrice, qui le regardait avec une surprise croissante : — Excusez-moi, miss Mary, de vous laisser seule ; je reviens dans un quart d'heure, et alors, — ajouta M. de la Botardière d'un air triomphant, — et alors je m'expliquerai catégoriquement. — Et, après avoir accentué cet adverbe d'une façon qu'il crut très significative, M. de la Botardière quitta précipitamment le salon en s'écriant : — Ambroise ! Ambroise ! Il ne m'a pas entendu ! Maudit sourd !

Et il laissa miss Mary stupéfaite de cette brusque sortie.

— Je ne comprends rien aux paroles de M. de la Botardière, — se disait la jeune fille; — où est-il allé? pourquoi me laisser seule? Je regrette de n'avoir pas eu le temps de l'avertir que j'ai prié Henry de venir me prendre ici, afin de partir ensuite pour l'Angleterre; malgré moi, je redoute quelque nouvelle étourderie de M. de Favrolle, et je n'ai pas commis, je crois, une grande indiscrétion envers M. de la Botardière, en donnant rendez-vous chez lui à mon protecteur naturel.

A ce moment, miss Mary entendit au dehors le pas d'un cheval résonnant dans la cour.

— C'est lui ! c'est Henry ! — s'écria-t-elle ; — il aura devancé la voiture afin de se rendre plus tôt près de moi.

Et ne doutant pas de la venue de son fiancé, dont elle était séparée depuis trois ans, son cœur palpita si violemment, elle se sentit si profondément émue, qu'elle n'eut pas la force de faire un mouvement, quoiqu'elle entendît dans la pièce voisine des pas qui ne pouvaient être que ceux de Henry Douglas.

Mais quelle fut la stupeur de miss Mary, lorsqu'au lieu de son fiancé si impatiemment attendu, elle vit entrer dans le salon

M. de Favrolle, pâle, défait, et dont les vêtements souillés de boue annonçaient qu'il venait de faire une longue course à cheval.

IV

Miss Mary, aussi cruellement déçue dans son attente qu'effrayée par l'arrivée imprévue de M. de Favrolle, devint d'une pâleur mortelle et ne put retenir un cri d'effroi. M. de Favrolle, sardonique et résolu, s'avança vers elle en s'écriant :

— Enfin, Mademoiselle, je vous rejoins après une nuit passée à votre recherche. Franchement, je ne suis pas fâché de prendre ce matin ma revanche d'hier soir; rassurez-vous d'ailleurs : malgré une irritation dont vous comprenez les motifs, je ne manquerai à aucun des égards qui vous sont dus, mais autant vous me trouverez respectueux et rempli de convenance, autant vous me trouverez aussi déterminé à l'endroit des projets que je vous ai annoncés et dont aucune puissance humaine ne me fera départir.

Miss Mary, anéantie par ce coup imprévu, se laissa tomber sur un siége, perdit tout courage et murmura d'une voix entrecoupée par les larmes :

— Ah ! Monsieur, si vous saviez ce que je souffre, vous auriez pitié de moi !

— Mon Dieu ! mademoiselle, je ne suis ni un tyran ni un misérable ! Dans la maison où nous étions hier, je ne sais quel point d'honneur pouvait vous faire une loi de ne point m'écouter ; mais ici vous êtes libre, je viens donc pour connaître mon sort, et je ne vous quitterai pas qu'il ne soit irrévocablement décidé par vous, non pas légèrement, mais avec mûre réflexion...

Miss Mary frémit : elle venait d'entendre dans la cour le bruit d'une voiture de poste. Plus de doute cette fois, c'était Henry Douglas qui venait la chercher. La jeune fille eut un moment de vertige en songeant aux malheurs dont elle était menacée; lorsque la pensée lui revint, elle vit apparaître à la porte du salon la mâle et calme figure de Henry Douglas, introduit non par Ambroise, mais par un autre serviteur fort étonné de cette concurrence de visiteurs ordinairement si rares au château de la Botardière.

Miss Mary, à la vue de son fiancé, ne put retenir un cri étouffé; ses yeux humides s'arrêtèrent remplis de tendresse et d'angoisse sur le grave et beau visage de son cousin qu'elle n'avait pas vu depuis si longtemps. Le capitaine Henry Douglas, s'avançant vers la jeune fille de toute la distance qui les séparait, car elle n'avait pas la force de faire un pas, lui tendit ses deux mains, dans lesquelles miss Mary laissa tomber les siennes, sans dire un mot, tandis que ses larmes silencieuses inondaient son visage.

M. de Favrolle restait frappé de surprise à cette scène inattendue. Il fit un mouvement. Henry Douglas tourna la tête, l'aperçut pour la première fois, et, regrettant d'avoir donné son émotion en spectacle à un tiers, il fit un pas en arrière, et salua M. de Favrolle avec une bonne grâce qui était presque l'excuse d'un manque d'égard involontaire; puis indiquant du geste miss Mary, il dit simplement, noblement en s'adressant à M. de Favrolle :

— Monsieur, depuis trois ans, je n'avais vu ma chère cousine, mademoiselle Lawson. J'espère que vous me pardonnerez de n'avoir pas remarqué votre présence, — ajouta-t-il en s'inclinant :

M. de Favrolle, presque certain qu'il se trouvait en face d'un rival, cédant cependant à certaines habitudes du monde dont on ne peut s'affranchir sans grossièreté, rendit au capitaine Douglas son salut et balbutia quelques-unes de ces paroles insignifiantes qu'on n'achève pas quand on veut être poli sans savoir que dire.

Miss Mary avait suivi avec anxiété les regards des deux jeunes gens ; elle crut pouvoir, par la hardiesse de sa franchise, conjurer un péril dont elle sentait la gravité menaçante. Prenant donc un parti désespéré, elle s'avança vers M. de Favrolle, et dit en lui désignant Henry du regard :

— Monsieur, j'ai l'honneur de vous présenter mon cousin le capitaine Douglas. Il m'avait été fiancé dans des temps plus heureux ; mais il a continué de m'aimer malgré les malheurs qui ont frappé ma famille : il vient me chercher en France pour aller nous unir en Angleterre et y recevoir la bénédiction de mon père.

— Qui ai-je l'honneur de saluer ? — dit le capitaine Douglas en interrogeant l'institutrice du regard.

— M. de Favrolle, — répondit miss Mary, — fils d'un ami de M. de Morville, dont il va bientôt épouser la fille, ma chère et digne élève.

— Mademoiselle, — reprit avec amertume M. de Favrolle, pâle de dépit et de colère, — puisque vous avez si nettement établi votre situation envers Monsieur, je crois devoir établir la mienne non moins nettement. — Puis il ajouta en se tournant vers Henry : — Un moment, Monsieur, il est vrai, j'ai été agréé comme prétendant à la main de mademoiselle de Morville, mais dans sa famille j'ai retrouvé miss Mary, avec qui j'avais eu l'honneur de voyager, il y a deux ans, depuis Calais jusqu'à Paris, et...

— Quoi, Monsieur, c'est vous? — dit vivement Henry Douglas en interrompant M. de Favrolle avec une expression de cordiale reconnaissance. — C'est vous qui avez veillé sur mademoiselle Lawson avec la sollicitude d'un frère pendant ce long voyage? Ah! Monsieur, combien je suis heureux de pouvoir vous exprimer toute la gratitude de la famille de miss Mary pour votre délicate et noble conduite. Permettez-moi de vous serrer la main...

En disant ces mots, le capitaine tendit

sa main à M. de Favrolle. Mais un bruit sourd et éloigné, semblable à celui que fait un homme enfermé en frappant à une porte afin qu'on la lui ouvre, attira l'attention des trois personnages, qui involontairement tournèrent la tête du côté d'où partait ce bruit, qui paraissait venir d'un corridor assez voisin du salon. Mais un pareil incident ne pouvait longtemps les distraire des sentiments graves ou passionnés dont ils étaient émus. Miss Mary avait remarqué avec effroi qu'au moment où son fiancé avait si cordialement offert sa main à M. de Favrolle, celui-ci, loin de répondre à cette avance amicale, avait dédaigneusement souri en toisant le capitaine Douglas. Celui-ci, du reste, ne s'était pas aperçu de l'attitude hautaine et agressive de son rival, s'étant en ce moment même retourné dans la direction du bruit lointain. Soutenue cependant par une dernière lueur d'espérance, miss Mary, lorsque M. de Favrolle et Henry Douglas eurent oublié leur distraction momentanée, se hâta de dire à son fiancé :

— Oui, M. de Favrolle s'est montré pour moi, pendant ce trajet de Calais à Paris, rempli d'une sollicitude fraternelle, et mon premier soin a été d'écrire à ma mère avec quelle courtoisie M. de Favrolle m'avait accordé sa protection pendant ce long voyage.

— Permettez-moi donc, Monsieur, de vous serrer la main, — reprit cordialement le capitaine en offrant de nouveau la main à M. de Favrolle, — et de vous exprimer la reconnaissance de la famille de miss Mary et la mienne.

— Monsieur, — dit M. de Favrolle avec hauteur en se reculant d'un pas au lieu de répondre à l'avance amicale du fiancé de miss Mary, — avant de vous serrer la main, je dois vous instruire de certaines circonstances qui ont suivi ma rencontre avec mademoiselle Lawson, lors de notre voyage de Paris à Calais. Quand vous m'aurez entendu, Monsieur, vous reconnaîtrez, comme moi, que l'expression de votre reconnaissance est au moins prématurée.

Miss Mary se soutenait à peine, elle voyait grossir le danger qu'elle eût voulu à tout prix conjurer. Le capitaine Douglas, fort surpris de la réponse de M. de Favrolle, qu'il n'interprétait pas encore comme une offense, interrogeait miss Mary du regard, afin de deviner la cause de l'étrange accueil de M. de Favrolle, auquel il répondit d'ailleurs avec une dignité polie :

— Il me sera difficile, pénible même,

Monsieur, de croire que je m'abusais en vous rendant grâce de votre courtoisie envers mademoiselle Lawson.

— Monsieur, — reprit M. de Favrolle, — mademoiselle Lawson vous a dit vrai : des projets de mariage ont été arrêtés entre moi et mademoiselle de Morville ; mais ce que mademoiselle Lawson ne vous a pas dit, c'est que la retrouvant au château de Morville, l'ardent et respectueux amour qu'elle m'avait inspiré pendant notre voyage de Calais à Paris s'est réveillé plus passionné que jamais. Aussi je suis décidé à tout... entendez-vous, Monsieur ?

je suis décidé à tout pour épouser mademoiselle Lawson.

— Eh bien, Monsieur, — répondit le capitaine Douglas avec un calme parfait après avoir attentivement écouté son rival, — je ne vois dans vos paroles que la preuve d'un sentiment fort honorable pour vous et pour miss Mary. Vous l'aimez? cela ne m'étonne en rien. Je sais tout ce qu'elle vaut. Vous désirez l'épouser? cela me surprend d'autant moins que j'ai le même désir que vous; la seule question est de savoir si ma cousine vous préfère.

— Monsieur! — s'écria M. de Favrolle de plus en plus irrité par le sang-froid de son rival, — j'aime miss Mary autant et aussi honorablement que vous l'aimez; mon nom vaut le vôtre, ma position dans le monde est égale à la vôtre, et je ne vois pas pourquoi vous me seriez préféré!

— Quant à cela, vous avez, Monsieur, parfaitement raison, — reprit le capitaine Douglas avec son flegme britannique. — Votre courtoisie envers mademoiselle Lawson pendant votre voyage avec elle prouve que vous êtes un galant homme, et que vous ne sauriez que très honorablement aimer une personne aussi digne de respect que miss Mary. Quant à votre nom et à votre position dans le monde, ils doivent être des plus convenables, puisque M. et madame de Morville consentaient à vous accorder la main de leur fille. Nous avons donc, Monsieur, des titres égaux à l'affection de miss Mary ; mais libre de son choix, elle m'accorde la préférence. Cette préférence n'a rien de blessant pour vous; aussi je ne vois véritablement pas pourquoi vous avez refusé la main que je vous offrais fort cordialement, je vous assure.

— Monsieur, s'écria M. de Favrolle, mis hors de lui-même par le calme bon sens de Henry Douglas, — en France l'on ne serre la main d'un rival qu'après avoir loyalement croisé le fer ave lui.

— Ah! Monsieur, — s'écria miss Mary en se tournant vers M. de Favrolle et ne pouvant contenir un sanglot déchirant, — que vous ai-je donc fait?

Le capitaine Douglas tâcha de calmer du geste et du regard la douleur de miss Mary, et reprit, s'adressant à M. de Favrolle avec une dignité froide :

— En France comme en Angleterre,

Monsieur, des hommes bien élevés, comme nous le sommes tous deux, ne prononcent jamais légèrement de graves paroles, surtout lorsque ces paroles peuvent à grand tort inquiéter une personne digne du plus profond respect. — Et un coup-d'œil d'Henry Douglas sembla dire à M. de Favrolle : Je serai à vos ordres quand il vous plaira, mais n'alarmez pas ainsi miss Mary. Puis, certain d'avoir été compris par son rival, il poursuivit :

— Je crois comme vous, Monsieur, que des rivaux qui ont de sérieuses raisons d'inimitié peuvent et doivent en appeler aux armes; mais, j'en suis certain, Monsieur, désirant comme moi dissiper les alarmes de mademoiselle Lawson, qui s'est méprise sur le sens de vos paroles, vous direz comme moi que rien, dans notre position, ne peut motiver la résolution qu'elle semble redouter.

— Je dis comme vous, Monsieur, car, non moins que vous, je tiens à dissiper les alarmes de mademoiselle Lawson, — répondit M. de Favrolle en accentuant cette phrase à double entente de façon à faire comprendre à son rival qu'il devinait sa pensée.

Miss Mary, délivrée d'un doute affreux,

essuya ses larmes, et dans l'élan de sa joie dit à M. de Favrolle d'une voix tremblante d'émotion :

— Excusez-moi d'avoir douté un instant de votre cœur.

M. de Favrolle s'inclinait, souriant d'un air contraint, dissimulant à peine sa colère, lorsque le même bruit qui avait attiré déjà l'attention des trois personnes réunies dans le salon retentit de nouveau.

— Il faut qu'il y ait quelqu'un enfermé

dans l'une des pièces voisines, — dit M. de Favrolle ; mais à peine avait-il prononcé ces mots, et pendant que le bruit continuait de se faire entendre, Alphonsine et Gérard entrèrent vivement dans le salon, et la jeune fille s'élança dans les bras de son institutrice, en disant :

— La voilà ! la voilà, cette chère et bonne miss ! Du moins nous pourrons lui faire nos adieux !

V

V

M. de Favrolle, à l'aspect de mademoiselle de Morville, et dans la position où il se trouvait envers miss Mary et Henry Douglas, sentit sa situation si fausse, si pénible, qu'involontairement il recula derrière le paravent, et ainsi échappa momentanément aux regards d'Alphonsine et de Gérard.

Sans remarquer la présence de Henry Douglas, la jeune fille s'était dès son entrée jetée dans les bras de son institutrice, qu'elle embrassait tendrement en lui disant :

— Oh! la méchante miss, qui part ainsi sans nous laisser du moins la consolation de lui faire nos adieux!

— Ce n'est que ce matin, en interrogeant le cocher de mon père, — ajouta

Gérard, — que nous avons appris que vous avez passé la nuit à l'auberge de Saint-Hilaire. Alphonsine et moi nous y sommes descendus, et là nous avons appris que vous vous étiez fait conduire ici.

— Et au risque d'affronter la colère de notre oncle, — reprit Alphonsine, — nous sommes venus vous retrouver chez lui. Mais, — ajouta la jeune fille en se retournant, — où est-il donc, ce terrible et cher oncle? Je me sens décidée à tout pour...

La jeune fille n'acheva pas, car elle venait d'apercevoir le capitaine Douglas. Elle le contempla en silence pendant quelques secondes, puis, regardant miss Mary d'un œil pénétrant, elle lui dit avec un sourire charmant :

— Je devine, c'est lui, n'est-ce pas ?

Puis, s'avançant vers le fiancé de son institutrice, avec cette aisance qui accompagne presque toujours une grande simplicité, elle lui dit :

— Monsieur, vous ne me connaissez pas, mais moi, je vous connais et je vous aime depuis hier matin, — ajouta-t-elle en jetant un regard d'intelligence à son institutrice, — car depuis hier matin, je sais que notre miss Mary vous devra tout le bonheur qu'elle mérite.

Et en parlant ainsi, Alphonsine tendit gracieusement sa main à Douglas, qui la retint un instant dans les siennes en répondant avec un accent de gravité douce :

— Et moi aussi, je vous connais, mademoiselle ; je sais que vous êtes le cher et doux orgueil de ma cousine ; toute sa famille vous connaît, vous aime, et il y a

cinq jours son vieux et honorable père, sa mère, ses sœurs m'ont répété au moment où je partais pour la France : « Dites à l'ai-
« mable élève de Mary que nous l'embras-
« sons comme une fille, comme une sœur,
« et que jamais nous n'oublierons com-
« bien, grâce à la bonté de son cœur, à la
« délicatesse de son âme, elle a rendu fa-
« cile et charmante la tâche de la pauvre
« exilée qui revient près de nous. »

En achevant ces affectueuses paroles, Henry Douglas s'inclina et baisa respectueusement la main de la jeune fille. Alphonsine rougit, deux larmes brillèrent dans ses yeux, et elle dit à miss Mary :

— Vous lui aviez donc parlé de moi dans vos lettres ?

— Comment ne pas confier à ceux qu'on aime tous les bonheurs qui nous arrivent ? — répondit tendrement l'institutrice à Alphonsine.

M. de Favrolle, toujours caché aux yeux des nouveaux arrivants, et absorbé dans sa douloureuse agitation, avait été flatté, presque malgré lui, de cet hommage rendu par Henry Douglas à Alphonsine, cette jeune fille qu'il avait dû épouser.

Miss Mary, prenant alors Gérard par la

main, et le présentant au capitaine, lui dit :

— Monsieur Gérard de Morville, le frère de ma chère Alphonsine.

— Nous sommes aussi d'anciennes connaissances, quoique nous ne nous soyons jamais vus, monsieur, — reprit cordialement Henry. — Mademoiselle Lawson m'a souvent écrit tout le bien qu'elle pensait du frère de son élève ; aussi je m'estimerai heureux, monsieur Gérard, si vous m'accordez votre amitié avec autant de plaisir que je vous offre la mienne.

Gérard, aussi surpris que touché en apprenant que miss Mary, dans ses lettres avait parlé de lui avec assez d'éloges pour qu'un homme de l'âge du capitaine Douglas lui demandât son amitié, trouva dans cette preuve d'affectueuse estime une douce consolation aux amers chagrins que lui avait causés son fol amour pour miss Mary. Jetant sur elle et sur Alphonsine un regard que toutes deux comprirent, il répondit à Douglas :

— Monsieur, souvent miss Mary nous disait, à ma sœur et à moi, que toujours l'estime des gens de cœur nous récompensait de nos bons sentiments ou de notre courageuse résignation dans les moments difficiles de notre vie... Je ne m'attendais pas à voir sitôt réalisées les bonnes paroles de miss Mary.

— Ni moi non plus, monsieur Henry, et vous rendez le frère et la sœur bien fiers, bien heureux, — reprit Alphonsine d'un air placide et presque gai qui surprit profondément miss Mary, car en ce moment elle songeait à l'amour de la jeune fille pour M. de Favrolle.

L'étonnement de l'institutrice n'échappa pas à Alphonsine, qui lui dit avec un doux sourire, en lui faisant un signe d'intelligence :

— Je devine la cause de votre surprise, chère miss Mary : c'est que voyez-vous, depuis hier, il s'est passé bien des choses !

— Est-ce un mystère, chère enfant?

— Oh! non. Ainsi, hier soir, croyant que je ne vous reverrais plus, j'ai beaucoup pleuré, mais après avoir beaucoup pleuré, j'ai beaucoup réfléchi; j'ai songé que ma vie allait changer, puisque jusqu'ici j'avais toujours eu en vous, chère miss Mary, un guide aussi écouté qu'aimé ; alors, savez-vous à quoi j'ai passé la première nuit de notre séparation? J'ai rappelé à ma mémoire et retrouvé dans mon cœur vos leçons, vos conseils ; vous me les aviez donnés avec une si gracieuse tendresse qu'en ce temps-là ils ne me semblaient être que de charmantes conversations. Jugez de mon bonheur, de ma surprise lorsque j'ai senti, à mes bonnes résolutions, à mon courage, que ces germes excellents, semés par vous depuis deux ans, s'étaient développés en moi, avaient grandi et porté leurs fruits. Alors, pour la première fois peut-être, chère miss Mary, j'ai compris et béni l'éducation que je vous dois. Et voulez-vous une preuve toute récente, monsieur Henry, de la salutaire influence des exemples, des enseignements de miss Mary? Figurez-vous qu'il est venu un jour fatal où, le croiriez-vous... j'ai été jalouse, oui, jalouse d'elle...

Au moment où Alphonsine prononçait ces mots, l'institutrice jeta un regard rempli d'anxiété vers le paravent derrière lequel se tenait toujours caché M. de Favrolle, tandis que, se souvenant alors que ce dernier avait dû épouser mademoiselle de Morville, le capitaine Douglas partageait l'inquiétude de l'institutrice.

— Si je fais l'aveu de cette jalousie,

monsieur Henry, — reprit Alphonsine avec une touchante naïveté, — c'est autant pour me punir d'avoir cédé à cet odieux sentiment que pour rendre hommage à la loyauté de miss Mary et au courage que j'ai puisé dans ses enseignements; oh! sans eux j'aurais longtemps souffert de cet horrible mal de la jalousie! mais miss Mary n'a eu qu'un mot à me dire, et je l'ai crue. Comment ne pas la croire? Et ce n'est pas tout, monsieur Henry, vous allez reconnaître combien m'a été profitable l'influence de cette chère miss.

— Mon enfant, — dit l'institutrice de plus en plus inquiète, ainsi que le capitaine

Douglas, en songeant à M. de Favrolle et voyant le tour que prenait l'entretien. — A quoi bon parler du passé ?

— A quoi bon ? chère miss Mary, — reprit Alphonsine. — Mais à dire très haut devant celui qui vous aime si dignement tout ce que je vous dois, afin qu'il vous chérisse davantage encore. Ainsi, monsieur Henry, en apprenant que l'on m'avait préférée miss Mary, j'ai d'abord éprouvé autant de douleur que d'humiliation. Mais bientôt ma raison, mon cœur, mon courage, ont vaincu ces mauvais ressentiments. Je me suis demandé comment j'avais pu me révolter, m'étonner même de la préférence que l'on accordait à miss Mary. Ne m'était-elle pas supérieure en toutes choses, savoir, talent, charme, esprit, beauté? Aussi j'ai bientôt compris qu'ayant à choisir entre la lumière et son reflet, M. de Favrolle avait dû préférer miss Mary.

A ces mots, Henry Douglas chercha machinalement des yeux son rival. Mais celui-ci, subissant de plus en plus le charme de cette jeune fille qu'il avait un moment dédaignée, l'écoutait avec un intérêt croissant.

Alphonsine, s'étant méprise au mouvement du capitaine, reprit naïvement :

— Je ferai cesser votre étonnement en deux mots, monsieur Henry. Un mariage avait été convenu entre moi et le fils d'un ancien ami de mon père. De ce mariage j'étais heureuse, oh! bien heureuse. Mais M. de Favrolle ayant retrouvé miss Mary près de moi m'a oubliée pour elle. Quoi de plus simple? ce n'est pas vous surtout, monsieur Henry, que cette préférence surprendra.

— Chère Alphonsine, — dit l'institutrice touchée de ces paroles, — quel noble cœur que le vôtre!

— Ne m'avez-vous pas enseigné à être modeste, chère miss Mary? Ne m'avez-vous pas aussi enseigné que souvent dans la vie, il y a mieux à faire qu'à se résigner passivement? Alors, qu'ai-je fait? Après avoir reconnu que M. de Favrolle, sans être coupable, avait pu vous aimer mieux que moi, j'ai senti qu'il était de mon devoir, de ma dignité de rendre à M. de Favrolle l'engagement d'honneur pris par lui envers ma famille.

— Quoi! — s'écria Gérard, tu veux...

— Comment! — reprit Alphonsine avec un accent d'amical reproche en interrompant son frère, — tu t'étonnes de ce que je sois la première à rompre un engagement contracté en d'autres temps, dans d'autres circonstances? Que veux-tu, pauvre frère, tout est changé; ce projet, jadis plein de promesses de bonheur pour moi, n'est plus aujourd'hui qu'un sujet de contrainte, d'embarras pour M. de Favrolle.

— Parce que M. de Favrolle a manqué à sa parole, — dit amèrement Gérard; — c'est sa faute!

— Pauvre frère! — répondit Alphonsine d'une voix attendrie, en faisant ainsi allusion à l'amour qu'il avait lui-même éprouvé pour miss Mary, — je ne puis m'empêcher de plaindre sincèrement ceux-là qui aiment ou ont aimé sans espoir... Le départ de miss Mary portera un coup cruel à M. de Favrolle, et au milieu de son chagrin, je lui épargnerai du moins une démarche délicate et pénible envers nos parents en lui rendant sa parole. Puisse-t-il trouver une compagne qui l'aime autant que je l'aurais aimé ! Et pourquoi ne dirais-je pas que je l'aime ? — reprit Alphonsine d'une voix émue, répondant à un mouvement de son institutrice qui songeait à M. de Favrolle, témoin invisible de cette scène.

Celui-ci, touché jusqu'aux larmes de cet amour si naïf, si digne, si résigné, commençait à regretter cruellement le caprice insensé auquel il avait sacrifié peut-être le bonheur de sa vie, et il écoutait cette charmante enfant avec une émotion inexplicable, retrouvant en elle toutes les rares qualités d'esprit et de cœur qu'il adorait dans miss Mary.

Alphonsine continua, s'adressant à son institutrice et à Gérard :

— Oui, pourquoi n'avouerais-je pas que j'aime M. de Favrolle ? Il y a quatre mois, mon père, ma mère, et toi-même, mon frère, ne me disiez-vous pas tous de l'aimer? A-t-il donc perdu depuis lors les qualités que l'on vantait en lui? doit-il être moins estimé, moins honoré parce qu'il a aimé miss Mary? Non, non, une pareille préférence le relève au contraire à mes yeux, et si je désire délier M. de Favrolle de sa promesse...

— Lui vous supplie, Mademoiselle, de lui permettre de ne pas manquer à l'engagement qu'il a été trop heureux de prendre envers votre famille ! — s'écria M. de Favrolle en sortant de l'endroit où il s'était caché jusqu'alors, et s'avançant vers Alphonsine.

La jeune fille ne put retenir un cri de surprise, et cacha sa rougeur et sa confusion dans le sein de miss Mary en se jetant dans ses bras.

— Toi ici ! — s'écria Gérard ; — toi ici, Théodore ! Tu étais là ?

— Oui... oui, j'ai tout entendu, — ajouta M. de Favrolle en essuyant ses larmes ; — oui, j'ai tout entendu, *mon frère*. Ah ! la noble et courageuse enfant ! Et j'ai pu la méconnaître ! Gérard, crois-tu qu'elle me pardonne ? Ah ! ma vie serait consacrée à lui faire oublier les chagrins que je lui ai causés !

— Je vais lui demander ta grâce, mon cher Théodore, et j'ai bon espoir, — dit Gérard en se rapprochant de sa sœur, qui, enlacée dans les bras de miss Mary, cachait son visage sur son épaule. M. de Favrolle, s'avançant alors vers le capitaine Douglas, lui dit :

— Monsieur, entre gens de cœur l'on ne rougit pas d'avouer ses torts : j'avoue les miens et je vous prie de les oublier.

— Ils le sont déjà, Monsieur; je ne me souviens que de votre courtoisie envers mademoiselle Lawson, lors de son arrivée en France. Je vous avais dans ma gratitude tendu la main ; permettez-moi de vous la tendre encore.

M. de Favrolle serrait cordialement la main du capitaine Douglas, lorsqu'Alphonsine, à qui Gérard avait parlé tout bas, et n'osant pas encore relever la tête, qu'elle appuyait sur l'épaule de son institutrice, murmura d'une voix émue ces paroles que M. de Favrolle entendit :

— Chère miss Mary, est-ce que je vous ressemble, pour qu'il puisse m'aimer? Dites-le moi, je vous croirai.

L'institutrice allait répondre, lorsque M. et madame de Morville entrèrent dans le salon. M. de Favrolle courut vers eux et s'écria :

—Monsieur, je vous en conjure au nom du bonheur de ma vie, et j'ose dire maintenant au nom du bonheur de votre fille, daignez oublier un moment d'égarement, de folie, et consentez à mon mariage avec mademoiselle Alphonsine.

Ce touchant entretien fut interrompu par les éclats de voix de M. de la Botardière, que l'on entendait dans la pièce voisine, dont M. et madame de Morville avaient laissé la porte ouverte.

VI

M. et madame de Morville, leurs enfants, miss Mary, Douglas et M. de Favrolle, réunis dans le salon, s'entre-regardaient assez inquiets de l'entrée de M. de la Botardière, qui semblait furieux, à en juger par les paroles suivantes de l'irascible vieillard, qui continuait de quereller son serviteur dans la pièce voisine :

— Misérable Ambroise ! Infernal sourd, me laisser enfermé pendant une heure !

— Monsieur, — reprenait Ambroise, — le vent avait poussé la porte de l'antichambre et ainsi fermé la porte en dehors, de sorte que vous ne pouviez sortir. Est-ce ma faute, à moi ?

— Mais je cognais, je frappais à me briser les poings, maudit sourd !

— Il est impossible, monsieur, que vous

ayez frappé aussi fort, car je n'ai rien entendu, sinon un petit bruit. J'ai cru que c'était une persienne qui battait. Si vous aviez cogné suffisamment, je serais allé vous ouvrir.

— A-t-on idée d'une brute pareille! il me fait des reproches. Réponds : cette demoiselle est-elle restée dans le salon?

— Plaît-il, monsieur?

— Je te demande si miss Mary est dans le salon! — cria M. de la Botardière de sa voix la plus retentissante; — m'entends-tu cette fois?

— Vous criez, monsieur, assez fort pour cela : on vous entendrait d'une lieue. Oui, oui, cette demoiselle est dans le salon avec tous les autres.

— Comment, tous les autres ! — reprit M. de la Botardière stupéfait. — Quels autres ?

— Plaît-il, monsieur ?

Mais le vieillard, sans répondre à Ambroise, entra précipitamment dans le salon, où il se crut seul avec miss Mary, car, profitant de l'entretien d'Ambroise et de son maître, elle avait prié les autres de se tenir cachés derrière l'hémicycle formé par le paravent. Aussi M. de la Botardière grommela-t-il entre ses dents :

— Que diable me chante ce sourdeau d'Ambroise, avec ses autres? — Mais, prenant bientôt son plus gracieux sourire et saluant de son air le plus galant, il dit :

— Chère miss Mary, je puis maintenant vous expliquer mes paroles... Je vous aurais laissée moins longtemps seule, sans la sottise de ce misérable sourdeau d'Ambroise, qui m'a tenu enfermé pendant une heure !

L'institutrice, remarquant que M. de la Botardière avait quitté son molleton du matin pour un habit noir et une cravate d'une blancheur aussi éblouissante que celle de son gilet, et se souvenant des dernières paroles du vieillard, en devina le sens ; elle n'avait plus qu'à triompher des rancunes de M. de la Botardière, à l'endroit de M. et de madame de Morville, pour accomplir la promesse faite par elle aux parents d'Alphonsine. L'espoir du succès redoubla le courage de miss Mary, et elle dit au vieillard, qui, le sourire aux lèvres, s'apprêtait à lui expliquer la cause de la transformation de son molleton en habit noir :

— Monsieur, vous est-il indifférent de

continuer notre conversation dans la pièce voisine ?

— Sans doute, mademoiselle, mais...

— En ce cas, monsieur, soyez assez bon pour m'y accompagner, — répondit miss Mary en passant devant M. de la Botardière, craignant que son amour-propre ne fût incurablement blessé en apprenant bientôt que son entrevue avec l'institutrice avait eu des témoins cachés.

— Chère demoiselle, — dit M. de la

Botardière lorsqu'il fut seul avec miss Mary dans la pièce voisine du salon, — un galant homme doit se conformer aux volontés, je dirai même aux caprices des dames, puisqu'au lieu de continuer notre entretien dans le salon, vous préférez le continuer ici ; or, en deux mots, voilà ce que j'ai à vous dire : J'ai soixante ans, et autant de mille livres de revenu en terre que j'ai d'années. Ma solitude me paraîtrait maintenant doublement insupportable, si je ne la partageais pas avec vous... J'accueillerai votre famille avec les égards et l'affection qu'elle mérite, si elle veut se fixer auprès de nous : en un mot, chère miss Mary, voulez-vous devenir madame la baronne de la Botardière ?

— Monsieur, avant de répondre à une offre si honorable pour moi...

— Mademoiselle, tout l'honneur est de mon côté.

— Je désirerais savoir si véritablement votre solitude vous pèse autant que vous l'affirmez.

— Chère miss Mary, je vous en donne ma parole d'honneur, je finissais par m'ennuyer comme un mort, oui, car dans notre premier entretien vous aviez lu dans mon cœur, un faux amour-propre m'empêchant de vous avouer la triste vérité.

— De grâce ! réfléchissez, monsieur, à vos paroles ; je serais aux regrets qu'elles ne fussent pas sincères.

— Aussi vrai que j'ai été baptisé du nom de Joséphin, la vie n'était plus tenable pour moi. Si vous saviez ce que c'est à mon âge d'être à la merci de serviteurs stupides comme ce sourdeau d'Ambroise qui tout à l'heure encore m'a laissé enfermé au risque de me faire étrangler de colère !

— Ce n'est là, monsieur, qu'un accident, et je crains toujours que votre résolution ne soit pas suffisamment réfléchie.

— Chère miss Mary, je vous jure...

— Permettez; vous me parlez de votre désir de voir ma famille se fixer près de nous et du bonheur que vous trouveriez dans l'intimité de ces douces relations?

— Certainement, c'est maintenant mon rêve, mon unique désir !

— Pourtant, vous avez une famille, et

vous êtes resté deux ans éloigné d'elle ? Comment voulez-vous que je croie à....

— Chère miss Mary ! — s'écria M. de la Botardière en interrompant l'institutrice, — je vais, d'un mot, vous prouver que je suis plus sensible que vous ne le pensez à la douceur du sentiment familial.

— Voyons cette preuve, monsieur.

— Vous savez quels justes griefs j'ai contre ma famille ?...

— Je n'admets pas du tout, monsieur, la justesse de ces griefs.

— Enfin, n'importe! Eh bien! malgré ces griefs qu'à tort ou à raison j'avais contre mon neveu, cent fois j'ai été sur le point de lui pardonner, oui, et d'aller lui dire : Vivons amis comme par le passé. Une fausse honte m'a seule retenu.

— Je me rends, monsieur, à l'accent de sincérité de vos paroles ; soit, je vous crois. Donc le comble de vos désirs serait de passer désormais votre vie au milieu d'une famille remplie de tendresse et de vénération pour vous ?

— Oui, avec une jeune et charmante

personne comme vous, chère miss Mary, qui, comme vous, soit remplie de grâce, de sagesse et de talent.

— En admettant que le portrait ne soit pas étrangement flatté, monsieur, je crois votre désir parfaitement réalisable.

— Ah ! chère miss !

— Cependant, un mot encore, monsieur ; le sujet est fort délicat, et vous savez ma franchise...

— Je la connais, je l'admire, je l'adore, chère miss !

— Vous m'avez dit votre âge ?

— Soixante ans.

— J'en ai vingt-quatre.

— Sans doute la différence est grande.

— Très grande ; aussi je vous tromperais indignement, et d'ailleurs, vous ne me croiriez pas, si je vous disais qu'une femme de mon âge peut éprouver de l'amour...

— Pour un vieillard ? Quoi ! chère miss

Mary, vous me croyez assez fou, assez ridicule pour avoir une pareille prétention? Non! non! en retour de l'affection toute paternelle que je vous offre, je n'attendrai de votre part qu'une affection toute filiale.

— A merveille, monsieur; ainsi, pour nous résumer, si je vous comprends bien, votre seul désir est de goûter les douces joies de la famille auprès d'une jeune et charmante personne, remplie de grâce, de talents et de sagesse, et qui aurait pour vous la tendresse, les soins d'une fille pour son père?

— Oui, oui, chère miss Mary! Voilà

mon seul désir, voilà mon rêve ! — s'écria M. de la Botardière avec ravissement, en s'apprêtant à se jeter aux genoux de l'institutrice ; mais celle-ci, prévenant à temps cette galante génuflexion, prit M. de la Botardière par la main, et le reconduisant au salon, où il la suivit machinalement, quoique un peu surpris, elle lui dit d'une voix pénétrée :

— Monsieur, personne ne saura... mais je n'oublierai jamais l'offre si honorabl que vous venez de m'adresser ; je ne puis malheureusement l'accepter, car depuis trois ans je suis fiancée à un homme que j'aime tendrement et que je vais épouser.

Mais vous allez trouver réunie chez vous une famille trop heureuse de vous entourer de sa tendresse, de son respect, et une jeune fille remplie de grâces, de talents, de sagesse, qui ne demande qu'à vous chérir comme un père.

En disant ces mots qui stupéfièrent et abasourdirent M. de la Botardière, miss Mary l'avait conduit à la porte du salon, qu'elle ouvrit en disant :

— Alphonsine, Gérard, venez embrasser votre oncle !

A peine miss Mary avait-elle prononcé ces mots que la jeune fille, accourant avec son frère, sautait au cou du vieillard qui fut bientôt entouré de M. et de madame de Morville.

La vue de sa famille, qu'il s'attendait si peu à rencontrer chez lui, porta un dernier coup à M. de la Botardière. Le refus de miss Mary lui avait causé une peine profonde, et avant qu'il eût surmonté cette douleur, il avait été dix fois serré entre les bras d'Alphonsine, de son frère, et de M. de Morville, qui, profondément émus, lui disaient :

— Cher et bon oncle, enfin vous nous êtes rendu !

Si bourru, si grondeur, si rancuneux que fût le vieillard, ces témoignages de sincère affection le touchèrent d'autant plus, qu'il était disposé à l'attendrissement par son chagrin du refus de miss Mary. A ce chagrin, il trouvait à l'instant même une consolation dans l'affectueux empressement de sa famille; aussi, malgré lui, ses yeux se remplirent de larmes, et serrant entre ses bras Alphonsine et Gérard, il dit à l'institutrice d'un ton de triste reproche :

— Ah! miss Mary... miss Mary!

— N'ai-je pas tenu ma promesse? — lui répondit la jeune fille avec son doux sourire. — N'êtes-vous pas au milieu d'une a mille qui vous aime? Ne pressez-vous pas contre votre cœur une charmante jeune fille qui vous chérit comme un père ?

— Allons, reprit le vieillard en tendant la main à son neveu, — tout est oublié. Ainsi, vous m'aimerez un peu, vous autres, malgré mes gronderies ?

— Nous vous aimerons, cher oncle, — reprit madame de Morville, — à condition que vous nous gronderez beaucoup.

— Alors, soyez tranquille, je saurai conserver votre affection, reprit le vieillard. Puis voyant s'avancer près de lui M. de Favrolle, que M. de Morville voulait lui présenter, il s'écria : — Mon cauchemar du voyage de Calais !

— Monsieur Théodore de Favrolle, le mari de ma fille, mon cher oncle, — dit M. de Morville.

— Je suis maintenant de la famille, monsieur, — reprit le futur époux d'Alphonsine en s'inclinant devant M. de la Botardière. — J'ai aussi droit à vos gronderies ; je ne demande qu'à expier le malencontreux voyage de Calais pendant lequel j'ai eu, monsieur, bien malgré moi, le malheur de vous déplaire.

— Bon, bon, monsieur le sournois, —

répondit le vieillard, — je vous pardonne à une condition : c'est qu'aux noces de ma nièce, on servira des *poulets à la Botardière*, comme disaient ces mauvais garnements vos complices! Hein, vous les rappelez-vous, miss Mary, ces insolents drôles? — ajouta le vieillard en se retournant vers l'institutrice qu'il cherchait du regard et qu'il vit s'avancer vers lui, tenant le capitaine Douglas par la main.

— Encore un! — s'écria M. de la Botardière. — çà, aujourd'hui tout le monde s'est donc donné rendez-vous chez moi?

— Oui, monsieur, et ce rendez-vous a eu pour résultat le bonheur de tout le monde, — répondit miss Mary. — Permettez-moi de vous présenter M. Henry Douglas, mon fiancé, qui, par ordre de mon père, est venu me chercher en France.

Le capitaine Douglas s'inclina devant le vieillard, dont les traits s'attristèrent de nouveau, et il dit en soupirant au fiancé de miss Mary :

— Ah ! monsieur, vous êtes heureux, vous épousez une digne personne !

Miss Mary fit à Alphonsine un signe qu'elle comprit. Aussi, prenant les mains du vieillard, elle lui dit :

— Mon bon oncle! nous parlerons souvent de miss Mary :

— Je l'espère bien, — répondit le vieillard en embrassant sa nièce ; — car, après tout, miss Mary a été, je crois, un peu notre institutrice à tous !

— Ah ! mon cher oncle ! vos paroles sont plus vraies que vous ne le croyez peut-être ! — reprit madame de Morville d'une voix émue en adressant à miss Mary un regard qui semblait à la fois lui demander pardon et lui exprimer sa reconnaissance. — Le souvenir de miss Mary nous sera cher à tous !

. . . .

Quelques instants après de touchants adieux, M. et madame de Morville, leurs enfants, M. de Favrolle et M. de la Botardière étaient réunis sur le perron du château; tous, le cœur gonflé, suivaient d'un regard attristé une voiture de poste sur le siége de laquelle était monté le digne William. Au tournant de l'avenue qui se prolongeait devant l'entrée principale, miss Mary, se penchant à la portière de la voiture, agita une dernière fois son mouchoir en signe d'adieu...

Puis, les hôtes inattendus de M. de la Botardière rentrèrent avec lui au château.

Un mois plus tard, à Dublin, au moment où, après la bénédiction nuptiale, prononcée dans le temple, la famille et les amis d'Henry Douglas et de miss Mary Lawson se pressaient pour signer l'acte de mariage, deux femmes se présentèrent à leur tour.

La plus âgée écrivit sur le registre,

Louise de Morville.

La plus jeune,

Alphonsine de Favrolle.

Le capitaine Douglas, debout près du pasteur, montra du doigt ces deux mots à sa jeune femme, assiégée de félicitations. Miss Mary poussa un cri de joie, reçut dans ses bras sa charmante élève, et vit près d'elle madame de Morville.

— Est-ce que vous ne nous attendiez pas? — lui dit à mi-voix Alphonsine; — de tous ceux qui vous aiment, n'est-ce pas moi qui vous aime le mieux? Vous qui m'avez appris à être heureuse, mon seul charme n'est-il pas de vous ressembler?

FIN.

JEAN-LOUIS LE JOURNALIER.

Jean-Louis *** est âgé de quarante-cinq ans; c'est un homme de haute et robuste taille. Avant les cruels malheurs qui l'ont frappé, sa physionomie était, m'a-t-on dit, joyeuse, ouverte et intelligente; elle est aujourd'hui encore intelligente, mais triste et abattue; ses cheveux sont devenus presque blancs. Appelé sous les drapeaux en 1825, il servait, lors de la dernière campagne d'Espagne, dans le 34° régiment de ligne, qui prit part à l'attaque du Trocadéro. Nous avons souvent causé, Jean-Louis et moi, de *Puerto-Real,* où je me trouvais alors en même temps que lui sans le connaître. Journalier, avant que d'être soldat, il est redevenu journalier en rentrant au pays avec le grade de caporal de grenadiers, humble distinction qui attestait, du moins, sa bonne conduite au régiment. Pendant son absence, il avait perdu sa mère; son père, journalier comme lui, était devenu impotent, par suite d'un *lombago* invétéré, contracté en allant le soir, après sa rude journée de travail, pêcher à la lumière dans les ruisseaux des écrevisses dont il tirait un petit profit; il souffrait aussi depuis longtemps d'une affection chronique du foie, maladie fréquente dans nos contrées, surtout il y a quelques années, le pays très marécageux étant à cette époque beaucoup moins assaini par les cultures; ce pauvre homme mourut à l'hôpital d'Orléans, laissant quelques guenilles pour tout héritage à son fils, encore au service.

Jean-Louis, après un séjour d'environ deux ans dans la commune, suivit l'exemple de presque tous les journaliers; il se maria. Le mariage est une des conditions presque indispensables de la vie de l'homme des champs; il lui faut une femme pour préparer son repas du soir, blanchir son linge, raccommoder ses vêtements, aller *au bois* ramasser les branches mortes ou à la *bremaille* couper des bruyères sèches pour alimenter le foyer et chauffer le four. Au temps de la moisson, de la fenaison et des vendanges, les femmes dont les enfants ne sont plus à la mamelle ou au berceau peuvent glaner et trouver à gagner quelques journées, qui varient comme salaire de six à huit sous, avec soupe, pain et fromage; mais la fenaison et la vendange ne durent guère que cinq à six jours chacune.

Jean-Louis épousa *Rose Moisant,* orpheline et domestique dans une ferme, où elle avait servi pendant cinq ans; je connais son ancien maître, bon fermier du val; voici ce qu'il me dit de Rose Moisant, lorsqu'après les tristes événements que je dois raconter je lui ai parlé d'elle:

« —Ah! monsieur, qui aurait jamais cru
« cela de *la* Rose! elle *a resté* cinq ans chez
« nous comme *pôque* (domestique), et pen-
« dant ce temps là ni moi ni *la mère* (la
« femme du fermier) nous n'avons eu
« l'ombre d'un reproche à lui adresser, à
« cette enfant, car lorsque nous l'avons
« choisie à la *louée* (1) de la Saint-Jean,
« elle avait quinze ans ; sa mère était morte
« depuis longtemps, ainsi que son père,
« elle avait trouvé une *retirance* (2) chez

---

(1) Nous reviendrons sur cette singulière coutume ; disons seulement ici que *la louée* est une sorte de *marché aux domestiques* qui se tient sur une place publique. — Les serviteurs et servantes qui se trouvent sans condition, ou qui désirent en changer, s'offrent à qui veut les *louer* pour l'année.

(2) Un asile. — *Heureux qui trouve une retirance pour ses vieux jours* — dit-on dans notre pays.

« son oncle, charron à *Saint-Laurent des*
« *Eaux*, elle y gardait la vache et les en-
« fants, la tante restant toujours alitée,
« par suite d'une maladie de couche; lors-
« que la Rose a eu quinze ans, son oncle
« lui a dit :

« Mon enfant, tu travailles ici comme
« un cheval (et c'était vrai, monsieur, c'é-
« tait un cheval pour le travail, que la
« Rose), tu gagnes plus que ta retirance,
« car je ne donne pas de gages; voici ma
« fille aînée, assez grandelette pour soi-
« gner ses frères et sœurs; je ne veux plus
« te voler ton temps; il faut te mettre do-
« mestique quelque part, tu gagneras dix
« ou douze écus de gage, sur lesquels tu
« pourras toujours en mettre cinq à six de
« côté par an, après t'être nippée; voici la

« louée de la Saint-Jean, tu es brave fille,
« forte au travail, courageuse à la beso-
« gne, tu auras peut-être la chance de te
« placer.

« La Rose pleura beaucoup, monsieur,
« ça lui saignait le cœur de quitter son
« oncle, sa tante, et surtout les enfants,
« car elle était comme une déchaînée pour
« aimer les enfants ; mais l'oncle tint
« ferme et conduisit la Rose à la louée.
« C'est là, je vous l'ai dit, monsieur, que
« moi et la *mère* nous l'avons choisie ; d'a-
« bord elle nous avait attiré l'œil, comme
« très forte fille, nous lui aurions donné
« dix-huit ans, et puis, elle avait l'air tout
« honteux et pleurait dans un coin de la
« place, assise au pied d'un orme, parais-
« sant plutôt vouloir se cacher aux loueurs

« que de les affronter, comme les autres
« *pôques;* elle espérait ne pas être engagée
« et retourner auprès des enfants de son
« oncle. La *mère* me dit :

« — *Papa*, vois donc cette forte fille qui
« pleure là-bas, dans son tablier, c'est pas
« celle-là qui broncherait sous une triple
« hottée d'herbes, ou qui serait gênée pour
« *curer*, à elle seule, notre grande étable...
« quelle fameuse fille ! et puis son visage
« est doux comme celui d'une sainte
« Vierge.

« Le fait est, Monsieur, qu'en ce temps-
« là, si vous aviez vu la Rose, avec ses
« deux bandeaux de cheveux blonds sous
« sa petite coiffe blanche, ses yeux bleus
« baissés, ses joues rondelettes, son joli
« visage et son œil modeste, vous l'auriez,

« ainsi que tout le monde, trouvée très
« avenante ; enfin, Monsieur, nous avons
« engagé la Rose comme *pôque,* et, je vous
« le disais tout à l'heure, jamais, au grand
« jamais, la *mère* ou moi, nous n'avons eu
« à la gronder ; elle passait le dimanche à
« raccommoder son linge ou à coudre
« pièce sur pièce sur ses vieilles nippes,
« car elle avait, par exemple, le défaut
« d'être avaricieuse pour son corps ; l'été
« toujours pieds nus, l'hiver jamais de bas
« dans ses sabots ; les autres *pôques*, vous
« le savez, se pendraient plutôt que de ne
« point avoir un gentil habit du dimanche,
« un fichu à ramage, un tablier de soie,
« un fin bonnet ; la Rose ne donnait pas
« dans ces colifichets : aussi, sur quinze
« écus et plus tard vingt écus de gages que

« je lui payais, et qu'elle gagnait fière-
« ment, faut être juste, elle en économisait
« au moins huit ou dix par an ; seulement,
« d'après ce que me disait la *mère,* cette
« pauvre fille était, pour son linge, d'une
« grande propreté ; à part cela, elle avait
« l'air d'une mendiante ; je l'ai vue par
« des froids terribles avoir les jambes, les
« bras et les mains bleus et presque sai-
« gnants de froidure, c'est égal, elle était
« têtue comme une mule pour ne rien dé-
« penser.

« — « Mais la Rose, lui dit un jour la *mère,*
« — Que veux-tu donc faire de tes écus ?

« — *Maîtresse,* je veux me marier quand
« j'aurai vingt ans : je n'ai qu'une idée,
« c'est *d'avoir des enfants à moi,* et *d'être à*
« *mon ménage;* aussi, en amassant quelques

« sous, je trouverai à me marier plus ai-
« sément.

« — Te marier, — lui disait la *mère* en
« haussant les épaules, — te marier! Les
« voilà bien toutes! ces têtes à l'envers,
« avec leur rage de se marier, d'avoir leur
« ménage, et de prendre le collier de mi-
« sère ; mais qu'est-ce qui te manque ici,
« voyons, la Rose? Si tu n'étais pas si ava-
« ricieuse, tu pourrais, comme les autres
« *pôques*, avoir ton habit des dimanches,
« pour aller à la danse à Saint-Laurent;
« mais non, tu aimes mieux rester ici
« comme un vieux loup, être vêtue en pau-
« vresse, et l'hiver *amasser* parfois des
« rhumes si terribles, si terribles qu'on ne
« t'entend plus parler et que tu tousses à
« déchirer la poitrine aux autres ; tu pré-

« fères enfin te priver de tout, être à toi-
« même ta marâtre, et empiler sou par
« sou.

« A ce que lui disait la *mère*, savez-vous,
« Monsieur, ce que répondait la *pôque?*
« toujours la même chanson.

« — Maîtresse, je veux me marier pour
« avoir des enfants et être à mon mé-
« nage.

« La Rose ne sortait pas de là, et elle a
« fait comme elle se l'était promis, la mal-
« heureuse. A vingt ans elle avait amassé
« soixante et deux écus et quelques sous;
« Jean-Louis était revenu de l'armée de-
« puis près de deux années; je l'employais
« comme journalier tant que j'avais de
« l'ouvrage; c'était et c'est encore, sauf le
« malheur que vous savez, Monsieur, le

« plus franc travailleur de la commune;
« jamais de ribotte, soignant tout ce
« qu'il fait, comme s'il le faisait *par amour;*
« glorieux de son ouvrage, quand même il
« s'agit d'écarter le fumier sur les guérets,
« travaillant à la journée comme un homme
« à la tâche, c'est tout dire; il n'y a pas
« besoin de le surveiller, celui-là; il croi-
« rait se voler lui-même en mésemployant
« son temps; c'est, enfin, un journalier
« bon... bon... mais *bon exprès.* Donc, cet
« hiver-là, j'avais eu pas mal de froment et
« de seigle à battre; j'ai pris Jean-Louis
« comme batteur, car il est aussi fin bat-
« teur que fin faucheur; le soir, à la veillée,
« au lieu de s'en aller chez lui, où il s'en-
« nuyait comme un mort, il restait sou-
« vent avec nous jusqu'à la couchée; je lui

« donnais la soupe, et comme il avait une
« manière de fierté à lui, en retour du sou-
« per, il nous fabriquait des fourches et
« des rateaux de bois pour le fanage. Tout
« en travaillant, il nous racontait sa cam-
« pagne d'Espagne et des histoires de
« moines du temps de l'autre guerre sous
« l'Empereur, qui nous donnaient la chair
« de poule. La Rose écoutait aussi, tout en
« allant et venant, écurant la vaisselle, la-
« vant l'évier, car elle avait encore cela,
« qu'elle était aussi propre autour d'elle
« que sur elle, malgré ses guenilles. Son
« ouvrage fini, elle venait s'asseoir sur son
« escabeau, en face de Jean-Louis, et, tout
« en rapiéçant ses loques, sans souffler
« mot et sans lever le nez, elle ne perdait
« rien de ce qu'on disait ; la *mère* et moi,

« nous étions là comme deux bêtes, ne
« nous doutant pas de la chose. Cepen-
« dant, un soir, je me le rappellerai tou-
« jours, c'était un samedi, jour de mar-
» ché, voilà-t-il pas que la Rose, jusque-là
« muette, selon son habitude, ni plus ni
« moins qu'une tanche, se met à dire sans
« lever le nez de desssus sa couture :

« — Jean-Louis, est-ce que vous aimez
« les enfants, vous ?

« — Oh ! pour ça, oui, la Rose ! et si
« j'en avais, ils pourraient se vanter, ceux-
« là, d'être aimés. Mais pourquoi me de-
« mandez-vous si j'aime les enfants, la
« Rose ?

« — Oh ! pour rien, Jean-Louis, pour
« rien... répond-elle en devenant rouge
« jusqu'aux oreilles, en s'efforçant de tous-

« ser, et baissant encore davantage le nez
« sur sa couture; après quoi, elle reste
« muette toute la soirée. En se couchant,
« la *mère* me dit :

« — *Papa*, as-tu entendu la Rose?

« — Pardi, si je l'ai entendue, *ça y est*,
« va! la mère, *ça y est!* encore un ménage
« où il y aura plus de soucis que de bon
« temps, et plus de faim que de pain.

« Huit jours après cette soirée, la Rose
« dit à ma femme :

« — *Maîtresse*, je me marie avec Jean-
« Louis, mais nous attendrons après la
« Saint-Jean, afin de vous laisser le temps
« de trouver à la louée une domestique
« pour me remplacer.

« Le même jour, Jean-Louis me dit de
« son côté :

« — La Rose et moi, nous nous marions
« à la Saint-Jean; c'est une bonne et brave
« fille, nous nous convenons en tout;
« je ne peux mieux choisir, n'est-ce pas,
« maître Brossard ?

« — Ce soir, à la veillée, mon garçon,
« nous causerons.

« La veillée vient; après souper, je dis à
« Rose et à Jean-Louis :

« — Ainsi, mes enfants, vous voulez ab-
« solument vous marier?

« — Oh! oui, maître Brossard, c'est dé-
« cidé, bien décidé.

« — Vous faites une grosse sottise, dont
« vous vous mordrez plus d'une fois les
« pouces jusqu'au sang; je vas vous le
« prouver, après quoi vous aviserez. Dis-

« moi, Jean-Louis, combien gagnes-tu en
« bon an mal an (1)?

« — Environ vingt-cinq sous par jour,
« maître Brossard; car si, en temps de
« moisson, il y a des journées de trente-
« cinq et quarante sous, il y en a de vingt
« et de quinze en la morte saison.

« — Bon, ça ferait environ 450 fr. par
« an si tu travaillais tous les jours; mais,
« tu le sais, il faut là-dessus déduire les di-
« manches, les fêtes, les jours de mauvais
« temps, où l'on ne peut même en belle sai-
« son aller aux champs, et surtout les jours
« de gelée, de neige et de dégel durant
« l'hiver; de sorte qu'en supposant, y

---

(1) Nous affirmons l'exactitude des calculs suivants; ils peuvent être appliqués à l'immense majorité des départements de la France.

« compris les dimanches et fêtes, trois
« mois de chômage forcé sur douze mois,
« c'est plutôt tabler sur moins que sur
« trop. Est-ce vrai?

« — C'est vrai, maître Brossard.

« — Donc, si sur 560 jours tu en ôtes 90,
« il t'en restera 270. Or, à vingt-cinq sous
« par jour, c'est environ 337 fr. par an ;
« mettons 340, mettons 360, si tu veux...
« te voilà donc en ton ménage, à la tête de
« *vingt sous* par jour, en admettant que tu
« trouves toujours de l'occupation en la
« saison, et que tu ne sois jamais ma-
« lade...

« — Oh! le coffre est bon, maître Bros-
« sard, et je tâche de contenter de mon
« mieux ceux qui, comme vous, me don-
« nent de l'ouvrage; j'espère ainsi ne pas

« chômer tant que le travail est pos-
« sible...

« — Je l'espère aussi, mon garçon, et je
« compte non moins que toi sur la solidité
« de ton coffre. Maintenant calculons, mes
« enfants; car les chiffres, voyez-vous, les
« chiffres sont bourrus en diable, et n'ont
« point souci des amourettes. Vous voilà
« donc mariés, avec l'espoir, avec la cer-
« titude, si vous voulez, que Jean-Louis
« gagnera, bon an mal an, de quoi dépen-
« ser *vingt sous* par jour, et que jamais il
« ne sera malade... Venons à ces diables
« de chiffres ; vous ne pouvez vous loger à
« moins de 50 à 60 fr. par an ?

« — Non, maître Brossard; j'ai arrêté
« pour la Toussaint la maison de *Claude*
« *Belnou*; il y a une belle grand'chambre,

« avec four et fournil, une petite étable...
« un toit à porc, un puits et un carré de
« jardin, bonne terre à légumes, plantée
« de cinq gros noyers et de trois superbes
« pommiers ; nous en aurons, moi et la
« Rose, pour 56 fr.

« Il fallait voir, monsieur, me dit le
« fermier, la mine de la Rose, quand son
« Jean-Louis parlait de la maison, de l'é-
« table, du toit à porc, des noyers et des
« pommiers. Bonne fille ! elle rougissait,
« elle ne se possédait pas d'aise sur son
« escabeau et semblait avoir des fourmis
« dans les jambes ; elle allait enfin avoir
« *son* ménage, *sa* maison, *son* jardin, *ses*
« arbres à elle, ou quasiment à elle... Cela
« me touchait, monsieur, car les plus pau-
« vres gens sont glorieux d'avoir leur pe-

« tite retirance; c'est si naturel de désirer
« son *chez soi*, quand on a servi longtemps
« chez les autres; cependant j'eus le cou-
« rage de dire la vérité à ces deux fous :

— « Bien, Jean-Louis, te voilà logé pour
« cinquante-six francs par an, avec l'impôt
« soixante francs, c'est un peu plus de trois
« sous par jour; tu en auras vingt à dé-
« penser, reste à dix-sept; tu es fort tra-
« vailleur, la Rose aussi; qui dit fort tra-
« vailleur, dit fort mangeur. Mettons trois
« livres de pain pour toi et deux pour ta
« femme.

— « Ce n'est pas trop, mais c'est assez,
« maître Brossard; n'est-ce pas, la Rose ?

— « Oh! moi, Jean-Louis, pourvu que
« j'aie une livre de pain, je serai assez
« nourrie. Dame ! il faut savoir rester sur

« sa faim, quand on est à son ménage et
« que le pain est cher.

— « Mettez cinq livres, maître Brossard,
« — s'écria Jean-Louis, — je ne veux pas
« que ma femme reste sur sa faim!

— « Tu as raison, mon garçon ; car la
« nourriture, c'est la force, la force fait le
« bon travail, et les bons travailleurs
« chôment moins que les chétifs. Cinq
« livres de pain par jour, que vous le cui-
« siez ou que vous l'achetiez, vous revien-
« dront toujours à deux sous la livre. C'est
« donc dix sous, et trois de logement, ça
« nous fait déjà *treize sous*...

— « Déjà treize sous! maître Brossard,
« s'écria la Rose en ouvrant de grands
« yeux et joignant les mains. Hélas! —
« mon Dieu! déjà treize sous...

— « Oh! ce diable de pain, — reprit Jean-
« Louis en se grattant l'oreille, — ce diable
« de pain, c'est la mort aux ménages;
« mais enfin on a des bras, et quand on les
« manœuvre rudement du matin au soir,
« il vous pousse du pain dans les mains!

— « Brave Jean-Louis! tu es un honnête
« garçon... Maintenant, mes enfants, on
« ne vit pas de pain sec; je ne vous parle
« pas d'acheter un porc qu'on choisit bien
« gras, parce que ça écœure, et qu'on en
« mange moins : non, un porc serait trop
« cher pour vous; mais il vous faut au
« moins un morceau de fromage, et entre
« vous deux un fromage de quatre sous
« par jour, est-ce trop?

— « Oh! un fromage peut faire deux
« jours, maître Brossard; n'est-ce pas,

« Jean-Louis ? Pourvu que ça sale un peu
« le pain, c'est tout ce qui faut.

— « Oui, oui, la Rose, que ça vous
« égaye un brin le palais, ça suffit.

— « Ça n'est guère, mais enfin va pour
« un demi-fromage par jour... Mes enfants,
« c'est *deux sous;* ajoutez-y les autres
« *treize sous* de dépense, il vous reste *cinq*
« *sous.* Si peu qu'on brûle de chandelle
« l'hiver, à la veillée, qu'on mette de
« graisse dans l'eau de la soupe, le sel, le
« savon, le fil, les aiguilles pour raccom-
« moder les hardes..... ça vaut-il bien deux
« sous par jour?

— « Oh! oui, au moins, maître Bros-
« sard... au moins.

— « Ça fait *dix-sept.* Ne mangeant pas
« de viande, il faut bien que ton mari boive

« un peu de vin ; en l'achetant à la pièce,
« dans les bonnes années, Jean-Louis en
« boira pour un sou par jour, à peine une
« bouteille, ça nous fait *dix-huit sous ;* res-
« tent donc *deux sous* par jour ou trois
« francs par mois pour vous vêtir et vous
« entretenir. Pour ne parler que des sabots,
« il vous en faut au moins six paires à cha-
« cun : ils vaudront quatorze sous pour Jean-
« Louis, douze sous pour la Rose, en voilà
« pour sept à huit francs chaque année.

— « Oh ! moi, maître Brossard, je n'en
« porte jamais l'été des sabots. Mais vous
« parlez toujours des vingt sous de Jean-
« Louis ? Est-ce que vous croyez que moi
« je resterai là comme une borne ? Et mon
« gain, donc ?

— « Ton gain, ma fille ; je vais le

« compter : tant que tu n'auras pas d'en-
« fant, tu iras ramasser du bois mort,
« couper de la bremaille... Vous aurez
« donc votre chauffage gratis ; tu pourras
« de plus, de ci, de là, trouver quelques
« journées de sarclage ; vienne la moisson,
« tu auras le glanage ; au temps du foin,
« le fenage ; au temps des raisins, la ven-
« dange ; hormis ça, vous le savez, mes
« enfants, les travaux de femmes sont
« rares. Mais enfin, mettons, et c'est beau-
« coup, que tu fasses, bon an mal an, cin-
« quante à soixante journées à *dix sous*,
« c'est vingt-cinq à trente francs, il vous
« en reste environ une trentaine, c'est
« près de soixante francs pour vous vêtir
« et vous fournir de linge : c'est tout
« juste... Mais enfin... tant que vous n'au-

« rez pas d'enfant, vous pourrez joindre à
« peu près les deux bouts ensemble... Je
« pourrai même vous donner une vache à
« *moison* (1) pendant la belle saison, car,
« durant l'hiver, vous n'auriez pas de quoi
« la nourrir...

— « Une vache, s'écria la Rose, aussi
« surprise, aussi joyeuse, monsieur, que si
« j'avais fait sa fortune, — une vache... à
« moi! ou enfin comme qui dirait à nous,
« puisqu'elle sera chez nous, soignée par

---

(1) Dans nos pays, un propriétaire de vaches donne temporairement une vache pleine à un ménage qui nourrit la vache et profite de son lait avant et après le vêlage, mais le veau appartient au propriétaire de l'animal, c'est ce qu'on appelle AVOIR OU PRENDRE UNE VACHE A MOISON. Pratiqué sur une grande échelle, c'est un placement fort avantageux : car une vache de 150 à 180 fr. peut donner chaque année un veau vendu à six semaines de 20 à 25 francs.

« moi... Ah ! maîtresse, si ça pouvait être
« la *Bélotte* que vous nous donnerez à moi-
« son dans *notre* étable !

« Un roi, monsieur, ne dirait pas plus
« glorieusement *mon palais*, que la pauvre
« fille disait *notre étable*.

— « Va pour la *Bélotte*, elle vous donnera
« ses cinq à six litres de lait. Ainsi mes
« enfants, moyennant la *Bélotte* à *moison*,
« vous pourrez, pendant sept à huit mois
« de l'année, économiser le fromage et la
« graisse, puisque vous aurez le lait et le
« beurre ; la Rose ira faire paître la vache
« à la corde le long des haies...

— « Et chercher de fameuses charges
« d'herbe dans vos blés du val, maître
« Brossard ; ça nettoiera vos récoltes, et
« notre *Bélotte* sera comme une fontaine à

« lait. Oh! elle ne pâtira pas dans *notre*
« étable, pour sûr.

— « Je le sais bien. De plus, ma fille,
« tu bêches comme un homme ; pendant
« que Jean-Louis sera aux champs, tu
« cultiveras et tu arroseras le jardin.

— « A quoi nous servirait donc *notre*
« puits, sinon à arroser ; aussi, vous le
« verrez, *notre* jardin, maître Brossard ;
« vous le verrez avec le fumier de *notre*
« vache, nos légumes seront superbes...

— « Je le veux bien : et de plus, vous ré-
« colterez quelques boisselées de pommes
« de terre, quelques mesures de noix et de
« pommes quand vos pommiers et noyers
« donneront drû ? Enfin, je vous le répète,
« vous pourrez vivre.... à peu près... mais
« toujours et surtout à la condition que

« ton mari ne sera jamais malade... et ne
« chômera jamais d'ouvrage... Mainte-
« nant, la Rose, écoute-moi : Un enfant
« vient, te voilà en couches... et plus tard
« un marmot au sein et sur les bras !!

— « Oh ! maître Brossard, — s'écria la
« Rose, ne pouvant se contenir d'aise, —
« des enfants *à moi :* ah ! si j'avais ce bon-
« heur-là ! sont-elles heureuses ces
« mères... nourrir son enfant ! le bercer
« dans ses bras, ne le quitter ni jour ni
« nuit, être là... toujours à le regarder !
« ah ! maître Brossard, ah ! maîtresse...

« Et elle ne savait plus ce qu'elle disait,
« la pauvre fille, tant elle était contente,
« c'était plus fort qu'elle, aussi, monsieur,
« il me fallut, allez, un grand courage pour
« continuer ma morale.

— « Tu auras un enfant à toi, bon, la
« Rose, mais sais-tu que pendant dix-huit
« mois, au moins, tu ne pourras plus ni
« aller au bois, ni à la bremaille ; est-ce
« que ton enfant n'aura pas besoin de
« téter, est-ce que tu peux l'emmener aux
« champs avec toi? où le laisser seul à la
« maison? donc, plus de bois, il faudra
« l'acheter, plus de vache... car tu ne
« pourrais la mener aux champs, avec ton
« enfant dans les bras, vous voilà donc en-
« core obligés d'acheter le fromage et le
« beurre ; tu pouvais glaner après la mois-
« son et gagner quelques journées aux sar-
« clages, aux vendanges, à la fenaison ; tu
« ne le peux plus, c'est fini, ton enfant te
« retient à la maison ; vous voilà réduits
« aux vingt sous par jour de ton mari, et

« votre dépense augmente de plus en plus !
« Et encore je ne parle que d'un enfant !
« Mais s'il en vient deux, mais s'il en vient
« trois ! et quatre ? et cinq ? et six ? Enfin,
« ça s'est vu ! te voilà clouée chez toi, du
« soir au matin, pendant des années ; ce
« n'est pas tout, ces enfants, comment les
« nourrir avec les vingt sous par jour de
« ton Jean-Louis qui vous suffisent à peine
« à vous deux ? car avant neuf ou dix ans,
« un enfant ne peut pas gagner le pain
« qu'il mange, et encore... ne trouve-t-il
« pas souvent à le gagner ! sinon au temps
« des semailles, à chasser à coups de
« pierre les corbeaux qui déterrent le grain
« des guérets, c'est une pièce de cinq sous
« par-ci par-là qu'ils attrapent ces petits,
« pas davantage ; ou bien encore ils vont

« au *crottin* sur la route, au bois mort, ou à
« la bremaille, mais ça n'est pas lourd la
« chargée que rapporte un enfant... et
« pourtant en rentrant à la maison ça en
« mange du pain, ces petites gueules fraî-
« ches... oui, ça en mange... quand il y
« en a.

« — Maître Brossard, il n'y aurait
« qu'un morceau à la maison, il serait
« pour les enfants!

« — Jean-Louis, tu me dis là des bê-
« tises, mon garçon. Si tu ne manges pas
« où trouveras-tu des forces pour travail-
« ler? qu'est-ce que le meilleur cheval
« sans l'avoine, tu sais le proverbe : Ven-
« tre creux n'est bon à rien...

« — Maître Brossard a raison, Jean-

« Louis, s'il y a à se priver je me priverai,
« moi...

« — Toi, ma fille ? et si tu nourris un
« enfant ? est-ce que tu crois qu'en ne
« mangeant pas, ton lait ne tarira point ?
« est-ce que si le ratelier de ta vache était
« vide, son pis ne serait pas vide aussi ?
« Ce ne sont point là, voyez-vous, des
« raisons, et si Jean-Louis tombait ma-
« lade, et s'il était quinze jours, un mois,
« deux mois sans pouvoir travailler, ou
« sans rencontrer d'ouvrage ? dites-moi
« donc un peu qu'est-ce que vous répon-
« driez aux enfants qui vous crieraient :

« — *J'ai faim!* Je sais qu'après tout la
« commune a du pain pour ses pauvres.

« — Maître Brossard, — s'écria Jean-
« Louis les larmes aux yeux, — je me sai-

« gnerais les quatre veines plutôt que de
« voir mes enfants manger le pain de
« l'aumône !

« Tu me dis là, mon garçon, encore
« des bêtises ; tu t'ouvrirais les quatre
« veines?... après? cela donnerait-il du
« pain à tes enfants? Si tu ne peux tra-
« vailler, de deux choses l'une, ou tes en-
« fants mourront de faim ou ils seront à
« l'aumône? C'est ainsi ; ah! vous me
« prenez pour un oiseau de mauvais au-
« gure, mes amis, et pourtant j'ai raison
« et j'irai jusqu'au bout ; deux mots en-
« core et j'ai fini. Avec tes vingt sous par
« jour, il ne faut pas compter faire des
« épargnes pour les cas de maladie ou de
« chômage? Voyons, réponds, avec quoi
« allez-vous entrer en ménage? La Rose

« a cinquante-deux écus, et toi, mon gar-
« çon, en fait de meubles tu as une pail-
« lasse sur trois planches, un escabeau,
« un coffre et tes vieilles épaulettes de
« grenadier pendues à un clou, avec ton
« étui de congé en ferblanc. Je ne t'en
« fais pas un reproche, tu es garçon, tu
« ne rentres chez toi que pour dormir,
« tu emportais ton pain aux champs dans
« ton bissac et puis tu allais souper chez
« les Bellenou ; mais vous voici en mé-
« nage, il faut vous meubler, acheter un
« vrai lit, des matelas, une table, une
« armoire, des chaises, de la vaisselle,
« un peu de linge, aussi les cinquante-
« deux écus de ta femme suffiront à peine
« à vous emménager, et encore je ne parle
« point du repas de mariage et de la robe

« de noce de ta femme ; si vous voulez à
« toute force vous mettre la pierre au cou,
« je me charge du repas qu'on fera ici, et
« la *mère* se charge de la robe de noce et
« du bonnet !

« — Maître Brossard, — s'écria ce gar-
« çon, qui, je vous l'ai dit, monsieur,
« avait une manière de fierté à lui, — je
« vous remercie de votre bonne amitié et
« intention, mais...

« Il n'y a pas de mais, repris-je en haus-
« sant les épaules, tu es laborieux et
« brave garçon, la Rose est une excellente
« fille, la *mère* et moi nous ferons pour
« vous ce que nous pourrons, non ce que
« nous voudrions, car nous aussi, notre
« fermage payé, nous joignons à peine
« les deux bouts ; mais, enfin, ce qu'on

« peut, on le fait, et je le ferai, si malheu-
« reusement, malgré mes conseils, toi et
« la Rose, vous vous obstinez à vous
« mettre de gaîté de cœur la pierre au
« cou.

« Pendant que je leur parlais ainsi,
« monsieur, en leur disant d'ailleurs,
« vous le savez, ni plus ni moins que la
« pure et simple vérité, Jean-Louis et la
« Rose semblaient tout de même un peu
« *battus de l'oiseau...* Ils ne savaient trop
« que répondre, de temps en temps tous
« deux se regardaient en dessous en sou-
« pirant ; je voyais de grosses larmes rou-
« ler dans les yeux de la pauvre fille ; elle
« avait le cœur gros... mais gros à étouf-
« fer, et tortillait sans mot dire un coin
« de son tablier ; Jean-Louis baissait la

« tête, sifflottait entre ses dents, ou de
« temps à autre tambourinait du bout des
« doigts sur la table ; enfin il fit hum...
« hum... d'une voix étouffée, et puis il
« dit :

« — La Rose... il en sera ce que vous
« voudrez... vous avez en nous mariant
« plus à perdre que moi, vous êtes placée
« chez de bons maîtres, ils ne demande-
« ront pas mieux que de vous garder ; ils
« nous montrent par amitié la vérité, ce
« n'est pas de leur faute si elle n'est pas
« belle... Il paraît que le mariage et les
« enfants, ça n'est point fait pour tout le
« monde ; il faut choisir... *crever de misère
« en famille ou vivre seul comme un ours...*
« Que voulez-vous ? j'aurais aimé, ainsi
« que tant d'autres, voir, le soir en ren-

« trant bien las, une femme et des enfants
« accourir à moi et m'embrasser... ce
« n'est pourtant pas une mauvaise ambi-
« tion... c'était la mienne... je me serais
« *carnagé* pour donner du pain à tout mon
« petit monde... c'était une folie, selon
« maître Brossard, ce serait nous mettre
« la pierre au cou... n'en parlons plus,
« la Rose... n'en parlons plus... c'est fini...
« allons... n'y pensons plus...

« Et Jean-Louis passa sa main sur ses
« yeux et se tourna du côté de la porte
« pour qu'on ne vît pas qu'il pleurait.

« — Jean-Louis, dit la pauvre fille
« d'une voix que l'on entendait à peine?
« est-ce à cause de moi ou de vous, que
« vous craignez maintenant de nous ma-
« rier?...

« — Oh! c'est à cause de vous, la
« Rose!... — s'écria Jean-Louis en se re-
« tournant et essuyant ses yeux du revers
« de sa main; — si je m'écoutais, je ré-
« pondrais : Bah! marions-nous tout de
« même! je ne dis pas que maître Bros-
« sard ait tort, mais, s'il fallait penser au
« mauvais côté de tout, l'on serait tou-
« jours en peur, comme un lièvre au
« gîte... Il y a bien d'autres gens dans la
« commune qui ne sont pas mieux lotis
« que nous, ils se sont mariés cependant,
« et ils vivent tant bien que mal, eux et
« leurs enfants, dans leur ménage!

« A ces mots : d'*enfants* et de *ménage*,
« me dit le fermier, la Rose perdit la
« tête; c'était plus fort qu'elle, monsieur,
« elle se mit à pleurer comme une Made-

« leine, et dit à ma femme, comme pour
« lui demander excuse de se marier mal-
« gré nos avis.

« — Vous verrez, maîtresse... vous
« verrez que Jean-Louis et moi nous ne
« serons pas plus malheureux... que les
« autres !

« Alors, monsieur, moi et la *mère* nous
« avons vu que c'était peine perdue que
« de vouloir encore *raisonner* Jean-Louis
« et la Rose et les empêcher de se marier ;
« ils en ont fait à leur tête, nous les avons
« aidés selon notre pouvoir, et vous savez
« le reste. . . . . »

Ce sont les conséquences fatales de ce mariage que je vais raconter, drame étrange et cependant profondément humain, qui montre la terrible réalité de ces

paroles de Jean-Louis : « — *Il faut choisir :*
« *vivre seul comme un ours ou crever de*
« *misère en famille.* »

Jean-Louis épousa la Rose.

Lorsque, plus tard, ce courageux martyr de *l'insuffisance et de l'incertitude des salaires* me raconta ses malheurs, il me dit avec une naïveté navrante :

— « Je n'ai peut-être pas le droit de me
« plaindre de mon sort ; car, pendant plus
« d'une année, j'ai été le plus heureux
« des hommes; tout le monde ne saurait
« en dire autant. »

J'ai vu la maison où Jean-Louis alla s'établir avec la Rose après leur mariage ; cette humble demeure se composait d'une grande chambre *carrelée,* luxe généralement inusité dans nos pays ; au-dessus de la chambre était un grenier, à côté une *pisé,* le tout couvert en chaume ; un jardinet entouré d'une haie vive et planté des fameux noyers et pommiers, attenait à la maison ; le propriétaire de ce logis me dit, en me montrant la chambre éclairée par une petite fenêtre et par le vantail supérieur de la porte, lequel s'ouvrait à volonté :

— Ah ! monsieur, du temps de cette pauvre Rose (hélas ! qui se serait alors douté qu'elle devait *tourner ainsi,* car chaque fois que je rencontre le père Brossard, chez qui elle a été *pôque,* nous ne pouvons nous empêcher de nous dire : Hein ! qu'est-ce qui aurait jamais cru cela ?), enfin, monsieur, du temps de la Rose, c'était un miracle de propreté que cette maison ; tous les jours le carreau de la chambre lavé à grande eau, les vitres nettoyées, et les meubles donc, il fallait les voir ! Dans ce coin, il y avait une grande armoire en noyer avec des ferrures tortillonnées à chaque gond, ainsi qu'autour de la serrure, l'armoire reluisait à s'y mirer, les ferrures brillaient ni plus ni moins que de l'argent, et le lit ? toujours fait au point du jour, et si nettement bordé que c'était un charme ! ! La *mé* où l'on serrait le pain était non moins reluisante que l'armoire ; au-dessus de la *mé*, la Rose avait cloué le congé de Jean-Louis, avec ses épaulettes de grenadier, de chaque côté du papier ; c'était l'ornement de leur *retirance*, et, au fait, il y a bien des riches demeures où l'on ne retrouverait pas un ornement pareil : celui-là prouvait du moins que Jean-Louis avait fait la guerre en brave soldat. Quant au jardin, monsieur, c'était un petit paradis, tant c'était soigné, fumé, arrosé, sarclé ; il poussait là-dedans, voyez-vous, des choux et des carottes, à effrayer ! La petite allée du milieu était sablée de beau sable jaune que la Rose allait chercher dans une brouette, à la sablière des vignes ; au bout de l'allée il y avait, s'il vous plaît, une jolie tonnelle, que Jean-Louis avait fabriquée, pendant ses dimanches, avec des échalas et des branches de marsaule, le jardinier de M. Raymond lui avait donné de la graine de volubilis, et, en été, cette tonnelle était comme une chambrette de verdure couverte de clochettes de mille couleurs ; aussi, dans le village on disait : « Qui n'a pas vu la tonnelle de la Rose au mois de juin n'a rien vu, » Ce n'est pas tout, monsieur, de chaque côté de la tonnelle, Jean-Louis avait planté deux beaux églantiers qu'il était allé chercher dans les bois, et le jardinier de M. Raymond les avait greffés, l'un de roses blanches, l'autre de roses rouges remontantes, pendant tout l'été, ils foisonnaient de fleurs et embaumaient ; aussi, le secrétaire de la mairie, garçon plein de *moyens,* nous faisait toujours rire en nous disant : « Il n'y a « que *la Rose* pour avoir de beaux ro« siers. » Vous comprenez, monsieur, ce garçon disait cela à cause du nom de la Rose ; mais, n'allez pas croire au moins qu'elle ne faisait que s'amuser à son jardin, ah bien oui ! je ne sais pas comment diable elle s'y prenait, mais elle trouvait du temps pour tout ; tenez, monsieur, jugez-en. Au petit point du jour, elle commençait par laver sa chambre et faire le lit ; après ça, vite à l'étable, pour traire la vache que la Rose avait à *moison*. Ensuite elle s'en allait à l'herbe dans les champs et s'en revenait si chargée, si chargée, qu'un homme fort n'aurait pu porter une pire charge ; elle affourageait alors sa vache avec cette bonne herbe fraîche, et faisait sa seconde traite, après quoi, selon les jours ou la saison, elle battait son beurre, faisait ses fromages, ou les changeait de *cagerons*, allait savonner au *rû* (petite rivière), ou bien elle repassait son linge, raccommodait ses nippes et celles de son homme, ou bien encore elle allait ramasser du bois mort ou couper des bruyères, et en rapportait tant et tant, sur son dos, qu'il y aurait eu de quoi éreinter un bon âne... mais elle était si courageuse ! Vers la fin de la journée, elle prenait sa vache à la corde, et s'en allait la mener paître au long des haies. Il n'y avait personne comme la Rose pour dénicher les cachettes de fine herbe, mais elle ne ménageait point ses jambes et faisait parfois une lieue pour trouver les bons endroits, et sa vache ne se plaignait point de la promenade. Au retour des champs, la Rose faisait sa troisième *traite* et préparait la *potiche* aux légumes pour le souper de son homme. Fallait voir, monsieur, leurs deux couverts de fer! j'en ai connu en argent qui ne brillaient pas autant, et les verres et les deux assiettes! comme c'était clair et propre. Enfin, on soupait, après le souper la Rose rangeait tout, curait la vaisselle, allait donner une dernière *affouragée* à sa bête et se couchait... après l'avoir bien mérité, comme vous voyez... Ce n'est pas tout, vous croyez peut-être, monsieur, qu'étant si occupée déjà de son ménage, de sa vache et de son homme, la Rose se refusait à gagner des journées quand elle en trouvait, soit pour le sarclage, soit au temps de la vendange et de la fenaison? Non, monsieur, la Rose savait encore s'arranger. Mais, me direz-vous, et sa vache? car enfin elle ne pouvait la nourrir qu'en allant chercher l'herbe aux champs, ou en la conduisant à la corde, ça lui prenait au moins quatre ou cinq heures par jour? Comment pouvait-elle *faire* des journées malgré cela? Oh! oh! la Rose ne s'embarrassait point de si peu : obligée de ne pas aller à l'herbe pour sa vache, savez-vous, monsieur, comme elle s'en tirait? Elle prenait sur sa provision de pommes de terre, ou en achetait au besoin pour quatre ou cinq sous, les coupait en tranches avec des feuilles de choux et des *froules* de carottes, du jardin, jetait sur le tout une poignée de sel pour affriander sa vache, et après l'avoir traite avant de partir pour la journée, elle lui donnait la moitié de cette provende, et le restant le soir en rentrant, avant de la traire ; la Rose y perdait, il est

vrai, un peu de lait, parce qu'elle n'avait que deux traites au lieu de trois, mais, en fin de compte, elle gagnait ses douze sous. Ces soirs-là, comme elle ne rentrait pas plus tôt de sa journée que Jean-Louis et qu'elle n'avait pas le temps de lui préparer la *potiche*, on soupait avec du pain et du fromage. Si la Rose devait faire quelque raccommodage ou repassage, dont elle n'avait pu s'occuper pendant la journée, elle travaillait bravement à la chandelle, et veillait jusqu'à des onze heures, des minuit, et était pourtant sur pied à trois heures du matin pour la fenaison. Voici son calcul : elle disait : « Pour pou-
« voir aller en journée, faut que je nour-
« risse ma bête à l'étable, ça me coûte quatre à cinq sous de pommes de terre,

« un sou de chandelle pour la veillée,
« c'est donc six sous, j'en gagne douze,
« c'est donc six de bénéfice, et six sous...
« ah! ah! mais six sous... c'est le pain de
« mon homme pour tout un jour. » Le dimanche, après avoir été à l'herbe, elle passait avec Jean-Louis à sarcler, biner, éplucher, arroser, ratisser, sabler le jardinet, à faire la chasse aux *buirons*, ces vilaines bêtes qui viennent manger le cœur des roses, et elle tenait tant à ses deux rosiers! Jean-Louis, de son côté, palissait les volubilis de la tonnelle sous laquelle on soupait le soir, dans la belle saison, et il accompagnait la Rose à l'heure où elle sortait sa vache. En hiver, comme il n'y avait pas à travailler au jardin, Jean-Louis et la Rose passaient leurs diman-

ches à fabriquer des fourches et des rateaux de bois, dont ils tiraient un petit profit, où à chercher ensemble dans les taillis des églantiers qu'ils revendaient aux jardiniers des environs. Il faut avouer, monsieur, que Jean-Louis et la Rose n'avaient jamais été bien acharnés sur la messe et les vêpres. Jean-Louis disait : « Chacun
« son goût : je comprends qu'un brave gar-
« çon, ou qu'une brave fille, qui, toute la
« semaine, ont rudement travaillé, se don-
« nent leurs dimanches, s'ils ont d'avance
« gagné le pain de ce jour-là, ou s'ils sont
« certains de le gagner pendant les autres
« jours de la semaine. Après ça, faut être
« juste, pour les jeunes filles, aller à la
« messe, c'est se donner le plaisir de mon-
« trer leur corset neuf, pour les hommes

« c'est l'occasion de mettre leur belle veste
« de velours et de coiffer leur chapeau *trom-*
« *blon* ; et puis, l'on se trouve là en assem-
« blée de connaissances, on entend jouer
« du serpent, on entend la grosse voix des
« chantres et la voix flûtée des enfants de
« cœur, c'est toujours une musique ; ensuite
« on voit brûler des cierges en plein midi,
« ce qui est une rareté, on flaire l'odeur de
« l'encens, on voit promener la proces-
« sion dans l'église, avec M. le curé tout
« flambant sous les galons d'or de sa cha-
« suble des dimanches, marchant sous le
« dais d'un air superbe ; enfin l'on a la
« chance d'attraper à la fin sa petite bou-
« chée de pain bénit, qui est souvent de
« la brioche. Que voulez-vous, la messe,
« c'est le seul spectacle des pauvres gens,

« et, à défaut d'autres, je comprends fort
« qu'on aille à celui-là, mais il ne faut
« disputer ni des goûts ni des couleurs;
« moi, quand j'ai le bonheur de trouver à
« travailler le dimanche, je ne *rate* pas
« l'occasion. Diable ! il n'est que trop de
« jours qui, faute d'ouvrage, deviennent
« pour nous jours fériés; toute ma peur
« est d'avoir toute ma semaine de diman-
« ches; aussi, dès qu'on m'offre du tra-
« vail, je ne consulte pas le calendrier; je
« prends ma pioche, et la maniant bra-
« vement, je me dis : voilà encore une
« journée au bout de laquelle il y aura du
« pain pour la Rose et pour moi. Mais si
« je suis malgré moi bourgeois le diman-
« che, ma foi, j'aime mieux jardiner que
« de rester les bras croisés dans l'église;

« je préfère l'odeur de nos deux rosiers à
« l'odeur de l'encens, le chant des oi-
« seaux du bon Dieu aux *fron-frons* du ser-
« pent, le soleil aux cierges, et ma ton-
« nelle fleurie sous laquelle je fume ma
« pipe, aux murailles grises de la pa-
« roisse; la Rose est de mon avis : chacun
« prend son plaisir où il le trouve. »

Voilà, monsieur, quelle a été la vie de la Rose pendant qu'elle a demeuré ici, du moins, tant qu'elle n'a pas eu d'enfants, car, hélas! monsieur... c'est du moment où elle a eu des enfants qu'elle a été perdue.... la pauvre créature!!.... le père Brossard le lui avait prédit... Mais que voulez-vous, ces *jeunesses*, ça n'en fait qu'à leur tête ; quant à Jean-Louis, c'était la fleur des bons journaliers. Après, comme avant son mariage, jamais de ribotte, toujours content, toujours joyeux, quand l'ouvrage donnait (je ne parle pas du temps où il a eu des enfants); je demeurais ici, en face : dès l'aube, j'entendais Jean-Louis chanter en s'en allant à l'ouvrage, son bissac au dos, sa bouteille de grès en sautoir, et sa pioche ou sa coignée sur l'épaule; je n'avais pas besoin de réveille-matin pour savoir l'heure, je me disais : Voilà Jean-Louis qui part, c'est qu'il fait à peine petit jour. S'il s'en allait en chantant, ce brave garçon, il revenait de même; la Rose, qui l'entendait de loin, accourait au seuil de sa porte, sautait au cou de son homme, le débarrassait de sa pioche et de son bissac. Pauvre femme! toujours aussi aise et amoureuse de son Jean-Louis, après un an de mariage, que le lendemain de ses noces. Aussi, tenez, monsieur, si la Rose et son homme n'avaient pas eu ces maudits enfants... ils seraient encore à cette heure tranquilles et heureux dans cette maison; en supposant que l'ouvrage ne leur ait jamais manqué ils auraient continué de me payer exactement leur loyer à la *Toussaint* comme ils l'avaient payé pendant la première année, et je n'aurais pas été obligé, bien à regret, de les renvoyer. C'est en sortant d'ici qu'ils ont été demeurer dans cette espèce de tanière isolée, tout là-bas à la lisière du bois *Réné*, eux et leurs deux enfants, car alors ils n'avaient encore que deux enfants. Mais, monsieur, ne parlons pas de ce mauvais temps-là, c'est à faire saigner le cœur.

. . . .

Ce naïf récit peut donner une idée de ces *jours de bonheur* dont me parlait Jean-Louis, jours de bonheur, hélas ! bientôt écoulés, mais qui, me disait-il, lui ôtaient presque le droit de se plaindre de ses jours d'adversité !

J'entends d'ici un fervent catholique s'écrier :

— « Votre Jean-Louis et sa femme, s'ils
« deviennent malheureux, subiront la
« peine de leur impiété ; ils n'allaient le
« dimanche, ni à la messe, ni à vêpres; là,
« ils auraient trouvé ces consolations mo-
« rales, *ce rafraîchissement de l'esprit et de
« l'âme*, si admirablement, si religieuse-
« ment dépeints, l'autre jour, par notre
« illustre Montalembert, qui enjoignait si
« fièrement, au pouvoir, de décréter l'ob-

« servation forcée du dimanche au nom
« de la foi de *Clovis* et de *Jeanne d'Arc!* »

Nous prouverons par la suite de ce récit que l'*instruction religieuse* (à la façon dont l'entend et la donne le parti clérical) eût empiré, s'il est possible, la position de Jean-Louis et de la Rose ; mais, sans sortir de notre sujet, nous dirons deux mots de l'orateur catholique à propos de la loi sur l'observance du dimanche.

Oui, M. de Montalembert a osé invoquer la foi de *Clovis*, le roi des Franks ! ce bandit, ce pillard, ce meurtrier couronné, ce féroce conquérant de la Gaule, notre mère-patrie, favorisé dans cette conquête sanglante, dévastatrice, par l'infâme complicité des évêques gaulois ; puis choyé, caressé, loué, béni, baptisé par ses prêtres renégats, avides de partager avec ce roi barbare, les terres, les richesses et le gouvernement de la Gaule conquise, ravagée par le pillage, l'incendie et le massacre ; honte et exécration sur eux ! répétons-le sans cesse. Ces évêques et leurs successeurs, ces prétendus apôtres du Christ, ont eu dès lors des *esclaves* ; des esclaves, Gaulois comme eux, qu'ils ont vendus, achetés, exploités, puisque l'église catholique a possédé des esclaves, des serfs et des vassaux depuis le cinquième siècle jusqu'en 1780.

Oui, M. de Montalembert a osé prononcer sans rougeur au front le nom de *Jeanne d'Arc*, l'immortelle fille du peuple, cette héroïne qui, en expiation de son patriotisme et de sa gloire, fut torturée, puis *brûlée vive par le clergé*.... cela va de soi; l'Église a chanté les louanges de *Clovis*, l'abominable conquérant de notre sol, et elle a brûlé *Jeanne*, qui a délivré la patrie du joug des Anglais. Ces monstruosités, débitées avec la grâce ingénue et l'ardeur virginale d'un jeune inquisiteur soupirant après son premier *auto-da-fé*, ne m'ont point étonné. *Rome* n'a point été bâtie en un jour, et de l'observation forcée du dimanche à la loi du sacrilége, il y a tout au plus la largeur d'un bûcher; mais, moins rompu que je le suis aux roueries de sacristie (les plus diaboliques de toutes), je me serais laissé aller à quelque surprise, lorsque l'orateur catholique vint à s'apitoyer, dévotement, chrétiennement, s'il vous plaît, sur le sort des classes laborieuses, indignement exploitées, écrasées, disait-il, par l'égoïsme, par la cupidité des privilégiés, riches endurcis, qui s'opiniâtrent à ne voir dans le travailleur qu'une bête de somme, et ne prennent aucun souci de son intelligence et de son âme.

Si séduisantes que me parussent ces prémisses, j'attendis leur conclusion, et fis bien; l'orateur catholique déplorait, flétrissait, condamnait, il est vrai, au nom de la fraternité chrétienne, l'égoïste et cupide exploitation des classes laborieuses; mais il ne la déplorait, il ne la flétrissait, il ne la condamnait qu'*un jour sur sept*, à savoir le *dimanche*, parce qu'elle empêchait le travailleur d'aller à la messe; de sorte que M. de Montalembert aurait *sa fraternité des dimanches*, de même que les bonnes gens ont leur habit des dimanches ; oui, écrasez, abrutissez votre prochain le lundi, le mardi, le mercredi, etc., etc., l'orateur catholique s'en soucie peu ; mais le dimanche, oh ! oh ! le dimanche, c'est autre chose.

Mieux que cela, M. de Montalembert, qui l'autre jour s'essayait à une homélie quasi-socialiste prêchée avec la conviction que vous savez ; M. de Montalembert s'est toujours montré l'un des plus impitoyables adversaires de toutes les réformes qui tendaient à affranchir les travailleurs du servage, industriel ou agricole, où ils végètent ; à assurer leur travail, à élever le taux de leurs salaires, et à leur donner ainsi le loisir d'éclairer leur esprit, de développer leur intelligence par l'instruction ; liberté de réunion, liberté d'association, liberté d'écrire, liberté de penser, liberté d'enseigner, droit au travail ou à l'instrument de travail, droit à l'éducation, crédit foncier, abolition de certains impôts, progression de certains autres ; répétons-le, toutes les mesures qui pouvaient, qui devaient moralement et matériellement émanciper le prolétaire des villes ou des champs, et l'arracher à la cruelle fatalité de la misère et de l'ignorance, M. de Montalembert les a combattues, repoussées, insultées ; bien plus, lui aujourd'hui, si pitoyable pour la *vile multitude*, n'a-t-il pas été l'un des plus fanatiques promoteurs de la loi contre le suffrage universel, loi d'exclusion, qui atteint dans leur droit imprescriptible, souverain, la majorité de ces travailleurs, en faveur desquels l'orateur catholique se montre si subitement épris de la tendresse *des dimanches*..... Et pourtant, ce droit souverain, légalement, dignement exercé, ainsi qu'il l'avait toujours été jusqu'alors, pouvait seul.... seul affranchir un jour le travailleur de ce joug écrasant, qui, selon les ultramontains, ne devient odieux, inique, impie, qu'au jour et à l'heure de la messe. En un mot, M. de Montalembert ose à la face du pays se permettre la détestable plaisanterie cléricale que voici :

« Grâce à six mois de catéchisme et à
« deux heures de messe en latin, les vic-
« times d'un labeur écrasant et d'une igno-
« rance odieusement calculée, entretenue
« par le parti prêtre et les gouvernants,

« trouveront dans la pratique des offices
« divins, de telles consolations, *un tel raf-*
« *fraîchissement de l'esprit et de l'âme* (sic)
« qu'ils retourneront allégrement chaque
« lundi reprendre leur joug hebdoma-
« daire! Leur misère atroce, celle de leur
« famille, les dures souffrances d'un tra-
« vail sans merci ni pitié, l'incertitude du
« lendemain, le chômage forcé qui ôte le
« pain, tous les maux enfin qui pèsent si
« douloureusement sur les travailleurs des
« champs et des villes, seront conjurés par
« l'audition des offices, et les exploiteurs
« pourront désormais continuer de trafi-
« quer en paix de la chair et de l'âme de
« leur prochain, à la condition de le lais-
« ser aller à la messe. »

— Mon Dieu! monsieur de Montalembert, nous concevons, nous apprécions comme il convient les devoirs, les engagements de toute nature que vous a imposés votre titre officiel et récent de sacristain de Rome, de *grand sacristain* si vous voulez ; nous comprenons votre belliqueuse impatience à l'endroit de cette *campagne de Rome à l'intérieur*, dont vous nous avez si intrépidement menacés, pauvres libres penseurs que nous sommes. Hélas! nous avons grand peur, oui, grand peur nous avons. Voici pourquoi : L'on nous dit que vous haïssez également la branche cadette et la branche aînée des Bourbons ; nous le croyons sans peine, vous haïssez fort et beaucoup ; l'on ajoute que vous rêvez une RÉPUBLIQUE THÉOCRATIQUE composée ainsi qu'il suit :

Pour *président*, un CARDINAL ;

Pour *assemblée nationale*, un CONCILE ;

Pour *préfets*, les ÉVÊQUES ;

Pour *maires*, les CURÉS ;

Pour *tribunal suprême*, l'INQUISITION ;

Pour *force armée*, une manière de SAINTE-HERMANDAD, gendarmerie inquisitoriale chargée d'appliquer les arrêts de ladite inquisition.

Cette société, dans le goût de celle que les bons pères jésuites ont fondée au Paraguay, est votre idéal : la fameuse campagne de Rome à l'intérieur aurait pour but l'établissement de cette adorable république théocratique ; aussi, nous vous le répétons humblement, grand peur nous avons, car nous n'ignorons point que, généralissime de l'*armée noire*, vous disposez d'une force régulière d'environ *quarante-quatre mille goupillons,* sans compter d'innombrables troupes de partisans, comme qui dirait les cosaques catholiques. C'est formidable, et quoique vous ayiez tout récemment eu le malheur de perdre le brave capitaine *Gothland,* et cet autre vaillant frère *ignorantin* qui eut, il y a trois jours, le désagrément d'être condamné aux galères pour avoir violé un enfant, nous savons que vous réparerez facilement ces pertes douloureuses ; le combat va donc s'engager : votre loi dominicale est une affaire de tirailleurs, le premier acte de cette belle guerre sainte où vos hommes noirs s'en vont aller avec la croix et la bannière à la conquête de la république théocratique ; cependant, tout en concevant parfaitement l'ardeur batailleuse qui doit bouillonner au cœur d'un *grand sacristain* tel que vous, il nous afflige de vous voir commencer une si grande, une si sainte croisade par un acte où les méchants pourraient voir une si misérable querelle de boutique entre *la sacristie* et le *cabaret*.

Vraiment, à nous autres hérétiques, il répugne de voir mêler l'auguste nom de *Dieu* à ces querelles, qui finiraient par trop ressembler à ces jalousies de trafiquants cherchant qui l'un, qui l'autre, à *s'enlever leurs pratiques*.

Nous respectons toutes les religions; quel que soit leur dogme, elles correspondent à un invincible besoin de l'âme; mais à l'inverse des ultramontains, nous pensons que si les religions améliorent les gens assez éclairés pour en extraire les vérités saines et pratiques, les religions mal digérées, mal comprises, empirent les ignorants, en faisant d'eux d'aveugles ou de dangereux fanatiques. Commencez donc par assurer aux travailleurs l'instruction et un salaire assez certain, assez élevé, pour qu'après leur labeur quotidien ils aient le loisir d'étudier, d'apprendre, de comparer, de méditer, de mûrir leur raison, d'exercer leur esprit par le *libre examen;* alors, et à mesure que leur intelligence se développera, grandira, tous abandonneront d'eux-mêmes les cabarets pour les bibliothèques ; et bientôt, le sentiment véritablement religieux viendra pénétrer leurs âmes ; du fini, il marcheront forcément vers l'infini, vers l'idéal, progressant toujours dans ces recherches si salubres pour l'âme, qui nous conduisent tôt ou tard à l'affirmation raisonnée de la *divinité*, qui n'est autre chose que la VÉRITÉ...

Ce peuple, ainsi éclairé, convaincu, ne sera pas religieux à la façon des gens de Rome, car son bon cœur et son bon sens se révolteront contre cet abominable blasphème : « *Dieu a créé ses créatures pour la misère et la douleur.* » Non, ce peuple aura une foi profonde à l'amélioration continue, progressive, infinie de l'humanité, dans l'ordre moral et dans l'ordre matériel. Cette foi, le peuple la pratiquera en s'employant corps et âme à faire disparaître du monde cette horrible trinité du mal : l'IGNORANCE, la MISÈRE et l'OISIVETÉ.

Alors, honorant Dieu par le travail, par la diffusion du bien-être, par le développement des facultés de tous, pratiquant le bien, l'homme, enfin, délivré de l'hébêtement où d'ambitieux et cupides hypocrites tenaient son esprit enchaîné, suivra pour toujours la divine inspiration de ses instincts naturels et de *ses vertus originelles.*

Ceci dit, revenons à la Rose et à Jean-Louis.

Jean-Louis quitta la petite maison, où il avait connu quelque bonheur durant deux années de sa vie, et alla demeurer, avec sa femme et ses enfants, vers la lisière du *bois Réné*; il occupait une masure dépendant d'une ancienne métairie tellement délabrée, que le fermier l'avait quittée pour aller habiter d'autres bâtiments d'exploitation.

« — Ce logement que j'abandonne, — dit
« le cultivateur à Jean-Louis, — est de-
« venu presque inlogeable, faute de répa-
« rations; le propriétaire ne peut pas les
« faire, elles sont trop coûteuses; il a pré-
« féré me donner deux chambres dans
« l'une de ses granges neuves. Veux-tu
« habiter ici? Tu me paieras quinze francs
« par an, ça n'est pas lourd; je te deman-
« derai seulement de veiller sur un gre-
« nier où je continuerai de mettre mes
« fourrages, de même que je conserve la
« bergerie pour mon troupeau. »

Jean-Louis accepta cette offre; car, à
mesure que sa famille augmentait, il voyait
sa position devenir de plus en plus péni-

ble : les tristes prévisions de maître Brossard se réalisaient ; *la Rose* luttait avec une vaillance héroïque contre les envahissements de la misère ; lors de la naissance de son premier enfant, elle avait eu le courage d'aller à l'herbe, au bois ou en journée (lorsqu'elle trouvait du travail) jusqu'à son huitième mois de grossesse.

« — Ah ! monsieur, — me disait plus
« tard Jean-Louis, les larmes aux yeux, —
« combien de fois j'ai vu ma chère femme,
« enceinte de sept ou huit mois, revenir à
« la maison, courbée sous le poids d'une
« lourde charge et pouvant à peine mar-
« cher ! — Mais ça n'a pas de bon sens ! —
« lui disais-je — c'est risquer de te tuer.

« — Alors la Rose me répondait : — Mon
« pauvre homme, faut se dépêcher de

« jouir de notre reste... et amasser notre
« provision de bois pour l'hiver; car,
« lorsque je serai accouchée, mon enfant
« me prendra tout mon temps, me retien-
« dra à la maison ; faut donc que j'aille
« tant que je le pourrai. »

La Rose, en effet, *alla tant qu'elle put*, comme elle le disait : les heures qu'elle passait au logis, elle les employait à préparer et à coudre sa layette, taillée dans des chemises à elle ; sa pauvreté l'empêchant d'acheter du linge neuf. La naissance de son premier-né faillit la rendre folle de bonheur. Elle avait enfin *un enfant à elle !...* selon le vœu le plus ardent de son cœur. Ce bonheur, Jean-Louis le partagea ; il y trouva presque l'oubli des privations croissantes de sa vie, déjà si rude ;

un seul chagrin se mêlait aux premières joies maternelles de la Rose, c'était l'inactivité forcée où elle se voyait souvent réduite durant la journée, tant que durait le sommeil de son enfant qu'elle couvait des yeux. Ce fut un beau jour pour elle que celui où elle eut la pensée d'apprendre à filer ; elle y réussit ; on lui confia du chanvre : elle put ainsi gagner quelques sous par semaine... Vint une seconde grossesse, un second enfant ; malheureusement, Jean-Louis resta quelque temps sans trouver d'ouvrage, et, pour la première fois depuis son mariage, il fut obligé d'acheter son pain à crédit. En me parlant de ce temps de chômage prolongé, Jean-Louis me disait plus tard :

« — Ah ! Monsieur ! si vous saviez com-

« bien c'est triste ! se sentir plein de bonne
« volonté, plein de courage ! ne deman-
« der qu'une seule chose au monde : du
« travail ! et en manquer ! Le cœur vous
« saigne, quand on se voit forcé de rester
« les bras croisés a côté d'une femme et
« de deux enfants qui n'ont que vos bras
« pour vivre. Comment donc faire? On ne
« peut pas se faire voleur, pourtant? »

Ce fut en suite de ce chômage et des petites dépenses nécessitées par les deux accouchements de sa femme que Jean-Louis, n'ayant pu payer le loyer de la maison qu'il avait d'abord occupée, se vit obligé d'aller s'établir dans cette ferme à demi-abandonnée sur la lisière du *Bois-René*. Ce fut là qu'environ huit à neuf ans après son mariage je vis pour la première fois la Rose et Jean-Louis ; cette scène m'est encore présente à l'esprit.

Je revenais chez moi, vers la fin d'une froide journée d'automne, laissant à ma gauche une immense plaine de bruyère coupée çà et là de pièces de terres récemment défrichées ; à l'horizon, une ceinture de grands bois de sapins s'étendait à perte de vue ; à ma droite était un épais taillis de chênes, et non loin de là cette ferme abandonnée où demeuraient Jean-Louis et sa famille depuis plusieurs années. Selon l'usage, ces constructions rustiques entouraient de trois côtés une cour dont les pentes rapides aboutissaient à une cavité où séjournaient les eaux pluviales, et où l'on entassait le fumier de la bergerie. Les bâtiments de *pisé*, aux toitures de tuiles moussues ou de chaume devenu verdâtre par la vétusté, étaient dans un état de délabrement complet ; les murailles ici éboulées en un monceau de décombres, ailleurs crevassées, lézardées, ne se soutenaient qu'à l'aide d'étais formés de grands troncs de sapins encore couverts de leur écorce. Pourris par la pluie, les chevrons du toit des greniers fléchissaient sous le poids des tuiles disjointes ou brisées ; en d'autres endroits, les bâtiments, absolument découverts, n'avaient plus pour faîte que la charpente et son lattage à demi-détruit ; la bergerie seule paraissait moins en ruine ; les ais des portes vermoulues, renforcées de quelques planches neuves, offraient une fermeture capable de résister aux entreprises des loups rôdeurs, si nombreux dans notre pays. Un humide brouillard d'automne, voilant ce tableau, lui donnait un aspect lugubre. Il pouvait être cinq heures de l'après-midi ; mais l'atmosphère était si brumeuse que le jour semblait toucher à sa fin ; je passais à quelque distance des bâtiments, lorsque soudain j'entendis les cris perçants de plusieurs enfants. Quittant aussitôt le sentier que je suivais, j'entrai précipitamment dans la cour ; quatre enfants hâves, décharnés, à peine vêtus de guenilles et dont le plus âgé avait sept ans au plus, le plus jeune deux ou trois ans, sortaient d'une petite porte d'où s'exhalait une épaisse fumée, les uns se culbutant, les autres courant, et tous criaient en se sauvant :

— Le feu !... le feu !...

Lorsque j'arrivai à cette porte, je fus un instant aveuglé par la fumée ; mais le danger était moindre que je ne le soupçonnais. A quelques pas du foyer, où flambaient encore quelques bruyères sèches, une femme, adossée à la muraille, gisait étendue sur un tas de *bremailles* auxquelles le feu venait de se communiquer sans doute par l'imprudence des enfants. Saisissant sur un lit une vieille couverture, j'étouffai en une seconde la flamme des bruyères embrasées, qui commençait à s'approcher des pieds de cette femme; mais, à ma grande surprise, elle ne bougea pas. Je me baissai pour lui toucher la main; cette main était moite ; et elle retomba lourdement aux côtés de cette femme ; elle semblait profondément endormie. Je l'examinai plus attentivement : elle pouvait avoir trente ans au plus ; ses cheveux blonds, déjà mêlés de quelques cheveux blancs, sortaient en désordre, poudreux, emmêlés, d'une vieille coiffe déchirée ; elle portait une camisole d'indienne en lambeaux et un jupon dont je ne saurais dire l'étoffe et la couleur, il se composait de toutes sortes de haillons rapiécés ; les jambes et les pieds de cette malheureuse étaient nus ; heureusement le feu ne les avait pas atteints ; son sommeil semblait si lourd, si profond, que rien ne l'avait troublé, ni les cris des enfants, ni l'âcre épaisseur de la fumée, ni l'approche des flammes. Sa figure, hâve, maigre, tannée par le soleil, conservait quelques restes flétris d'une ancienne beauté. Cependant l'expression de ses traits, empreints d'une sorte d'hébétement morbide, était presque repoussante. Ce sommeil invincible m'inquiétait; en vain je m'approchai d'elle, l'appelant à haute voix, prenant sa main, la secouant; tout fut inutile; cette malheureuse ne sortit pas de sa torpeur; elle tourna seulement sa tête du côté de la muraille en murmurant quelques paroles inintelligibles; lorsqu'elle entr'ouvrit les lèvres, il s'en exhala une forte odeur d'eau-de-vie. Je n'en doutai plus, cette femme était ivre-morte.

Cette femme, ainsi que je l'appris quelque temps après, cette femme, c'était la *Rose!*

J'entendis des pas dans la cour : je vis entrer Jean-Louis, son bissac sur le dos, sa pioche sur l'épaule, accompagné de son fils aîné, âgé de huit ans, pieds nus et à peine couvert de quelques guenilles. Ce pauvre enfant, d'une douce et pâle figure, tâchait de gagner déjà le morceau de pain qu'il mangeait. Moyennant quatre à cinq sous de salaire, il chassait à coups de pierre les bandes de corbeaux qui venaient déterrer les semailles d'automne à peine enfouies dans les champs voisins de ceux que défrichait son père ; derrière Jean-Louis et son fils aîné, s'avançaient timidement les quatre autres enfants, craignant d'être grondés pour l'imprudence qu'ils s'attendaient à me voir révéler, Ils restèrent en dehors, groupés sur les pierres disjointes qui servaient de marches à la porte.

Jean-Louis ne me connaissait pas; à ma vue, son visage s'assombrit; son premier mouvement fut de chercher sa femme du regard; en la voyant immobile et couchée sur le monceau de bruyères, il devina tout; son visage, se couvrant d'une vive rougeur, exprima l'amertume, la honte : une larme lui vint aux yeux...

L'âge, l'étude, l'expérience des hommes m'ont rendu quelque peu physionomiste. La loyale figure de Jean-Louis trahit une douleur si poignante qu'il m'inspira tout d'abord un vif intérêt.

— Le hasard m'a conduit ici, — lui dis-je. — Les cris de vos enfants m'ont appris que le feu était dans cette chambre.

La flamme a été étouffée en un instant; heureusement votre femme n'a pas été atteinte.

À ces mots, qui lui apprenaient le péril couru par la Rose, Jean-Louis prit mes deux mains, les serra dans les siennes avec reconnaissance et courut auprès de sa femme s'assurer qu'elle avait échappé aux brûlures. Il la contempla en silence pendant quelques minutes, en proie à un abattement douloureux. Il me parut plus affligé que surpris de la voir dans l'état d'hébêtement où elle se trouvait plongée; puis, revenant à moi, il me dit d'une voix pénétrée :

— Monsieur, je vous en conjure, ne méprisez pas ma pauvre femme!... Hélas!... si vous saviez? — Puis, après avoir porté ses mains à ses yeux humides, il répéta d'un air presque suppliant : — Je vous dirai tout... Mais, pour l'amour de Dieu, ne la méprisez pas !... — Et comme je le regardais, surpris de ces paroles, qui me semblaient incompréhensibles, il ajouta tristement : — Vous ne me croyez pas, Monsieur ?

— Je vous vois aujourd'hui pour la première fois, — lui dis-je, — mais je vous crois incapable de mentir.

— Monsieur, puisque vous êtes du pays, vous devez connaître maître Brossard ?

— Je le connais, en effet.

— Eh bien !... avant de mépriser ma pauvre femme... demandez à maître Brossard s'il a jamais eu à se plaindre de la Rose tant qu'elle a été *pôque* chez lui.

En disant ces mots, Jean-Louis alla vers le lit, composé d'une énorme paillasse, écarta quelques haillons qui la couvraient..., prit sa femme entre ses bras robustes, la déposa sur cette couche, ramassa la vieille couverture dont je m'étais servi pour éteindre le feu, l'étendit aux pieds de Rose, toujours inerte, et qui, pendant que son mari la transportait du coin du foyer sur le lit, avait murmuré quelques paroles sans suite.

Les enfants, peu à peu rassurés, rentrèrent dans la chambre. Ils allèrent s'asseoir sur un autre grabat, où ils couchaient tous ensemble. Je ne vis d'autres meubles dans ce misérable logis qu'une table boiteuse, un escabeau, une chaise, un vieux coffre, une huche pour le pain, au-dessus de laquelle étaient cloués le congé de Jean-Louis et ses épaulettes de grenadier : pauvre soldat ! après avoir, ainsi que tant de ses frères, qui presque seuls la paient... payé la dette du sang à son pays, comme eux aussi, il ne devait trouver au retour de l'armée que douleur et misère !

Au coin de l'âtre, je vis encore une marmite en fonte; sur une planche, quelques écuelles en faïence et deux ou trois pots de grès ; en plusieurs endroits le plafond, si bas que je pouvais à peine me tenir debout, eût été à jour sans une épaisse couche de bottes de genêts qui, reposant sur les solives, mettait à peine cette demeure à l'abri des injures du temps. Le toit, complètement effondré, ne la protégeait plus ; car, une pluie battante ayant succédé au brouillard d'automne, j'entendis l'eau ruisseler au dehors, et, filtrant bientôt à travers les genêts entassés qui, en plusieurs endroits, remplaçaient le plâtrage du plafond défoncé, elle tomba goutte à goutte çà et là sur le sol terreux de la chambre.

Je ne saurais dire la morne tristesse de cette scène : ces enfants silencieux, inquiets ; ce malheureux journalier, rentrant chez lui après ses durs labeurs, trouvant sa femme dans un état voisin de l'idiotisme et sa famille à l'abandon. Je le répète, cette scène était navrante. Jean-Louis jeta sur le foyer à demi éteint quelques poignées de bruyères, et me dit :

— Monsieur, attendez ici la fin de l'averse; il pleut trop fort pour que cela dure longtemps.

Je m'assis au coin du foyer sur l'escabeau; Jean-Louis quitta son bissac, ôta ses sabots usés, approcha du feu ses pieds nus bleuis par le froid, et s'adressant à ses enfants :

— Nous allons souper, vous devez avoir faim, apporte le pain et le fromage, ma petite Jeanne, et toi, Jacques, va tirer au puits un seau d'eau.

Jeanne, la fille aînée de Jean-Louis, âgée d'environ sept ans, était pâle, décharnée comme ses frères et sœurs, pieds nus comme eux et comme eux à peine vêtue de quelques guenilles; elle alla vers la *mé*, l'ouvrit, rapporta sur une assiette de terre ébréchée un petit morceau de fromage dur, et le plaça sur la table auprès de son père.

— Où est le pain? — lui dit Jean-Louis, — tu oublies le pain... ma petite Jeanne.

— Papa... il n'y en a pas.

— Comment! est-ce que tu n'es pas allée, ce matin, au bourg chercher un pain? J'avais donné pour cela seize sous à ta maman?

— Maman m'a dit : veille sur tes petits frères et sur tes sœurs, j'irai au bourg chercher le pain, mais elle n'a rapporté qu'une bouteille.

— Tonnerre de Dieu!... voilà ces enfants sans pain! — s'écria Jean-Louis en frappant du pied.

Puis, regrettant sans doute ce mouvement de colère, il murmura avec abattement :

— Mon Dieu ! mon Dieu !

Après un nouveau moment de silence, il parut se ressouvenir, et dit à son fils aîné :

— Jacques, donne-moi mon bissac.

L'enfant apporta la poche de grosse toile grise ; Jean-Louis y fouilla, en tira un morceau de pain bis d'une demi-livre environ, restant de son repas de midi, le coupa en six parts, s'en réserva une et distribua les autres aux enfants avec autant de petits morceaux de fromage ; en un instant ils dévorèrent cette maigre pitance qui, loin d'apaiser leur faim, dut l'irriter.

Le cruel égoïsme de cette mère, qui, pour satisfaire à un vice odieux, affamait ses enfants, me révoltait, Jean-Louis m'avait supplié de ne pas mépriser sa femme (je ne savais encore rien des antécédents de la Rose), mais je ne voyais dans cette recommandation qu'une preuve de fâcheuse faiblesse; devinant ma pensée, le journalier me dit :

— Vous ne voudriez pas me croire, monsieur? si je vous disais que la pauvre femme que vous voyez là, était un miracle de bonne conduite et de courage avant qu'elle se soit adonnée à l'eau-de-vie... il y a de ça trois mois au plus.

— Mais comment une si funeste habitude lui est-elle venue?

— Par hasard, ou plutôt par ma faute.

— Par votre faute, à vous !

— Oui, monsieur, faute involontaire, sans doute, je vous avouerai même, et je vais vous sembler bien coupable, que je n'ai peut-être pas fait ce que j'aurais dû faire pour guérir ma pauvre femme de sa mauvaise habitude ; maintenant, il est trop tard pour l'en corriger.

— Mais quelles circonstances ont pu vous rendre d'abord indulgent pour un penchant si fâcheux ?

— Hélas ! monsieur, le chagrin de la voir souffrir, car elle a souffert, voyez-vous, comme pas une mère n'a souffert ! Elle aimait tant ses enfants ! je dis qu'elle les aimait, parce que maintenant, je parle d'elle comme d'une morte... — ajouta Jean-Louis en portant sa main à ses yeux. — Quand elle n'a pas bu, elle est presque comme idiote; elle s'accroupit dans un coin, ses coudes sur ses genoux, son menton dans ses deux mains, et elle ne décesse pas de pleurer. Au moins, quand elle a bu, elle ne pleure pas, elle oublie tout.

— Mais cette malheureuse femme est donc folle?

— Non, monsieur, pas tout à fait; elle me reconnait, elle reconnaît aussi ses enfants, mais elle est comme brisée, puis elle a des absences.

— Vous la disiez autrefois si vaillante.

au travail? si bonne mère...? comment ce changement dans sa conduite s'est-il opéré?

— Tant que nous n'avons eu que deux enfants, monsieur, notre sort, quoique très-dur, était supportable, le pain ne manquait pas à la maison; mais à mesure que notre famille s'est augmentée, notre misère aussi a augmenté. Pour comble de malheur, le chômage est venu à plusieurs reprises, sans compter la morte saison; enfin, il nous a souvent fallu mesurer nos bouchées; sauf une mauvaise blouse et un pantalon de toile pour moi, un jupon et une camisole pour la Rose, le peu d'effets que nous possédions a été employé par elle à vêtir ses enfants; ce sont les derniers lambeaux de ces vêtements qu'ils portent aujourd'hui.

— Dans une si extrême détresse, n'auriez-vous pu vous adresser à quelqu'un ?

— Chacun a sa fierté, monsieur... j'ai la mienne, jamais je n'ai tendu la main à personne... pour emprunter, il faut pouvoir rendre, et comment pouvoir rendre lorsque l'on gagne à peine vingt sous par jour ? et que l'on est six personnes à vivre là-dessus ? Nous avons passé de durs moments ; mais le courage de ma pauvre femme ne faiblissait pas... Enfin est venu un jour où il ne lui servait plus à rien, son courage !... c'est ce qui l'a perdue, oui, monsieur, car enfin, tant que les enfants ont eu quelques guenilles de rechange à savonner, quelques haillons à recoudre, ma femme a travaillé tout en allaitant son dernier-né et en veillant sur les autres ; mais lorsqu'ils n'ont plus eu sur le corps que leurs dernières guenilles, qui n'étaient même plus raccommodables, elle passait son temps à embrasser ses enfants et à pleurer... elle ne pouvait faire autre chose ! pour aller au bois, il lui aurait fallu les laisser seuls, ils étaient encore trop petits, elle n'osait sortir. Trop pauvre pour vivre d'autre chose que de pain et de fromage, nous ne mangions que cela, aussi la cuisine était finie quand ma femme avait détrempé pour les plus jeunes de nos enfants un peu de mie de pain dans de l'eau tiède... Ni moi, ni elle, nous ne possédions d'autres hardes que celles que nous portions.... elle n'avait pour ainsi dire rien à laver, rien à raccommoder, rien à faire ! Enfin elle se trouvait *bourgeoise*.... — ajouta Jean-Louis avec un accent qui me navra, parce que jamais je n'avais réfléchi à cette effrayante *oisiveté forcée*, dernière et horrible conséquence de la misère.

— Le peu que je gagnais, — poursuivit le journalier, — je le gardais pour acheter du pain, de crainte d'en manquer un jour ou l'autre, et pour payer le loyer de notre masure... vaut encore mieux avoir une retirance et un morceau de pain que des habits; j'étais tout le jour dehors, ma femme gardait les enfants. Elle avait dans les commencements trouvé un peu de

chanvre à filer.... ça n'a pas duré longtemps : — « Ah ! mon pauvre homme ! —
« me disait-elle souvent, — c'est mourir
« à petit feu que de vivre ainsi ! J'ai en-
« core de bons bras, du courage, je sue-
« rais mon sang à gagner quelques sous
« pour acheter de quoi vêtir ces chers pe-
« tits qui grelottent sous des haillons, et
« je ne trouve rien à gagner... d'ailleurs,
« on me donnerait de l'ouvrage au dehors,
« que je ne pourrais pas l'entreprendre...
« qui garderait nos enfants? l'aîné n'a
« pas encore six ans, et je nourris le der-
« nier... Enfin, je ne peux pas seulement
« aller couper des bremailles ou ramasser
« du bois pour nous chauffer l'hiver; il faut
« encore que ce soit toi qui ailles quelque-
« fois, pendant les clairs de lune, faire

« notre provision, après t'être carnagé
« toute la journée ; à moins que tu n'aies
« pas d'ouvrage, alors c'est du bois trop
« cher, puisque ces jours-là tu ne gagnes
« pas de pain. » — Cela, monsieur, me
fendait le cœur, d'entendre ainsi parler la
Rose ;... mais que faire ? Enfin, il y a six
mois, un de nos enfants tombe malade
d'un gros rhume : ma femme, je vous l'ai
dit, nourrissait son dernier... c'était à la
fin de l'hiver, il faisait grand froid ; elle
fut toute une nuit levée, pieds nus, comme
toujours... elle eut un accident de lait, il
tarit tout d'un coup. D'abord, nous avons
cru que ça ne serait rien, d'autant plus
que la Rose songeait à sevrer l'enfant ;
elle avait si peu de lait, faute d'une bonne
nourriture ! Cependant, depuis cet acci-

dent, peu à peu le caractère de ma femme a changé ; elle restait des heures sans rien dire et comme engourdie, ou bien elle pleurait ; si le soir, en rentrant, je lui parlais, elle me répondait à peine ou d'un air égaré ; souvent aussi elle me disait : « Jean-Louis, à quoi donc ça sert-il que « je sois au monde ? Je ne suis bonne à « rien pour mes enfants ? mon temps se « passe à les voir souffrir ! » D'autres fois, elle regardait autour d'elle comme si elle eût été dans un endroit nouveau et me demandait : « Où sommes-nous donc, « Jean-Louis ? — Mais chez nous, la Rose... « pourquoi t'étonner ainsi ? — « Je ne sais « pas, — me répondait-elle, — j'ai parfois « comme des absences. »

— Vous jugez, monsieur, — reprit

Jean-Louis après un moment d'abattement, — quel crève-cœur pour moi ! Rentrer ici, et voir ma femme en larmes, ou dans un silence plus triste encore que ses larmes. Heureusement, j'étais si fatigué, que je dormais presque toute la nuit. Il arriva qu'un jour, M. Roussel, pour qui je défrichais, me donna une bouteille de l'eau-de-vie qu'il distille chez lui avec son marc de raisin, et me dit : « Tiens, Jean-Louis, « accepte ça d'amitié, tu pourras boire la « goutte le matin, avant l'ouvrage ça te « donnera des bras et des jambes. » Je n'ai pas refusé, car depuis bien longtemps je ne buvais pas de vin ; mais de la *boisson* que nous faisions avec de l'eau et des graines de genèvrier, quand j'avais le temps d'en aller chercher. J'emporte la

bouteille ; le lendemain matin, au moment de partir, je bois une goutte, et je dis à ma femme : — « Tiens... prends un peu d'eau-
« de-vie, ça te réconfortera... toi qui te
« plains toujours de ta faiblesse d'esto-
« mac. » La Rose boit à peine une gorgée d'eau-de-vie, et me dit : « C'est trop
« fort... ça brûle ! » Je n'ai pas été surpris, Monsieur, que ma femme trouvât ça trop fort... elle n'en avait jamais bu. Je m'en vas aux champs, le soir je reviens, j'entends de loin chanter la Rose... cela m'étonne ; car depuis bien longtemps elle ne chantait plus... J'entre ici, qu'est-ce que je vois... les enfants riant aux éclats, et ma pauvre femme riant plus fort qu'eux en leur faisant mille singeries. — « Jean-
« Louis, — cria-t-elle en me voyant, —

« nous allons danser comme à ma noce! » et sans attendre que j'aie seulement ôté mon bissac, elle me prend une main et mon aîné de l'autre, afin de commencer une ronde. Cela, monsieur, m'effraya... la Rose était comme folle. Une idée me vint, je cours à la *mé* où j'avais serré la bouteille, je la regarde... ma femme en avait peut-être bu deux petits verres.... il ne lui en fallait pas tant pour la griser..... Alors, je devine tout... Je tâche de la calmer, mais la voilà qui parle, qui parle, et se met à discourir sur les premiers temps de notre mariage! sur deux beaux rosiers que nous avions dans notre ancien jardin? sur une petite tonnelle que nous avions aussi. Enfin, elle se met à parler de notre bon temps passé comme s'il durait encore.

Chacune de ses paroles était un coup de poignard pour moi ; plus la Rose paraissait contente, plus je me sentais, moi, la mort dans l'âme ; je savais ce qui l'attendait, lorsqu'elle retrouverait sa raison ; ça n'a pas tardé, peu à peu, elle a cessé de discourir ; puis, à mesure que sa tête se calmait, elle redevenait de plus en plus triste. Enfin, elle s'est endormie... J'ai couché les enfants. Vers le milieu de la nuit, la Rose s'est éveillée, alors elle m'a dit en pleurant : « Ah ! mon pauvre homme ! j'ai
« grand'honte. Je ne veux pas te mentir...
« la petite goutte d'eau-de-vie que tu m'as
« donnée ce matin m'avait d'abord brûlé
« les lèvres ; mais après, je me suis sentie
« étourdie et ensuite si gaie, si gaie, que
« j'ai eu envie de chanter... je ne pensais

« plus à mes enfants ni à toi alors, j'ai été
« à la bouteille, j'ai bu à même, et je ne
« sais plus ce qui s'est passé. » — Que
voulez-vous, monsieur? je n'ai pas eu le
cœur de gronder ma femme. Je lui ai seulement dit : — « La Rose, tu as eu tort de
« boire de l'eau-de-vie, ça aurait pu te
« faire beaucoup de mal, promets-moi de
« ne plus recommencer. — Je te le pro-
« mets, Jean-Louis, m'a-t-elle répondu; »
pendant quelques jours elle m'a tenu parole; mais elle ne faisait que pleurer en
regardant ses enfants, ou bien elle restait
quelquefois des jours entiers sans prononcer un mot et semblait regretter quelque
chose : je vous le jure, monsieur, j'étais si
navré de la voir en cet état, que, vingt fois,
j'ai été sur le point de lui dire : — Tiens,

bois, pauvre femme, bois et oublie ton chagrin ! Enfin, il y a trois mois, en pleine moisson, j'avais reçu dix francs pour ma semaine, la plus forte que j'aie touchée ; je prends quatre francs pour le boulanger, j'enveloppe les autres six francs dans un chiffon et je le mets dans la *mé*, au fond d'un pot de grès (cela devant la Rose). Je gardais cet argent pour payer une partie de notre loyer à la Toussaint ; le matin, je m'en vas aux champs ; le soir, je reviens, je trouve ma pauvre femme dans un vrai délire, elle avait encore bu. Je me doute qu'elle aura acheté de l'eau de vie. Je cours à la *mé*, je cherche mon argent au fond du pot, plus rien ! La Rose ne pouvait pas avoir bu pour six francs d'eau-de-vie en un jour, ça l'aurait tuée. Aussi, quoi qu'il

me chagrinât d'interroger mes enfants sur leur mère, je leur dis : — « Est-ce que vo-
« tre maman est allée au bourg et en a
« rapporté quelque chose? — Oh! ma-
« man avait emporté son panier vide pour
« aller au bourg, — me dit ma petite fille,
« — et elle l'a rapporté vide aussi. — Est-
« ce que votre maman était bien gaie en
« revenant, mon enfant? — Non, papa, —
« me répondit Jeanne, — seulement, deux
« heures avant que tu ne rentres, elle est
« sortie... et puis après, elle est revenue
« en chantant et elle nous a fait bien
« rire. » — Je n'en pouvais plus douter, Monsieur, ma femme avait fait sa provision d'eau-de-vie et l'avait cachée avant de rentrer à la maison. Vous le savez, ici, l'eau-de-vie de marc coûte de 12 à 15 sous

la bouteille. — J'attendis le jour pour fouiller partout aux alentours de la maison et dans les décombres. Je ne pus rien trouver. Je rentrai ; la Rose, honteuse sans doute, était allée se cacher dans la bergerie, attendant mon départ, de peur d'être grondée. Le soir, je revenais bien malheureux, me disant : Ma pauvre femme aura encore bu ce soir, pour s'étourdir et ne pas me répondre à propos de l'argent qu'elle a dépensé. Je ne m'étais pas trompé ; mais vers le milieu de la nuit, elle s'est jetée à mon cou en sanglottant ; je lui ai parlé raison, très doucement, sans me fâcher, la suppliant de me dire la vérité ; elle restait muette. En vain je lui disais : — « La « Rose, si tu n'as pas dépensé tout l'ar- « gent, rends-moi le reste, je le donnerai

« en à compte à la Toussaint pour notre
« loyer, sinon l'on nous mettra dehors, et
« nous n'aurons plus même cette masure
« pour retirance. » — J'aurais parlé à un
mur que ça aurait été la même chose.....
elle pleurait, elle sanglottait... Voilà tout.
Je cherchai, de nouveau, la cachette de
ses bouteilles ; impossible de la découvrir.
Depuis ce temps-là, il ne s'est pas passé
deux ou trois jours, sans qu'elle se mette
dans l'état où vous la voyez ce soir ; sans
doute, elle aura vidé sa dernière bouteille, puisque ce matin elle a employé
l'argent du pain à acheter de l'eau-de-vie.
Mes peines sont grandes, Monsieur ; l'esprit de ma pauvre femme, déjà comme
ébranlé par le chagrin et par son accident
de lait, s'est affaibli de plus en plus ; elle

est maintenant presque hébêtée. Je me dis : — du moins, elle ne souffre plus de la vue de la misère de ses enfants, — mon aîné vient maintenant aux champs avec moi... c'est ma seule consolation, il est plein de bon cœur, de courage, ma petite fille veille de son mieux sur ses frères et sœurs ; mais vous le voyez, sans vous, il arrivait un malheur. — Ma femme, mes enfants pouvaient être brûlés... la grange voisine incendiée... aussi, je tremble qu'on sache le malheur qui a failli arriver aujourd'hui ; le fermier me renverrait d'ici, apprenant que le feu aurait pu prendre à ses fourrages et à sa bergerie... Je ne saurais plus où aller loger ! Ah ! Monsieur ! ce qui est fait est fait ; mais j'aurais dû écouter maître Brossard lorsqu'il me di-

sait : — « Jean-Louis, reste garçon..... le
« mariage est un collier de misère pour
« les pauvres gens. » — Et pourtant,
ajouta le journalier, — si les pauvres gens
ne faisaient pas d'enfants, qui est-ce qui
serait soldat ? journalier ? artisan ? laboureur ?... Nos enfants font la terre, cultivent les champs, peuplent les ateliers, tissent les vêtements, bâtissent les maisons...
et c'est à peine s'ils sont nourris, vêtus et
logés !... Mais pardon, Monsieur, — reprit
Jean-Louis, après un moment de douloureuse réflexion, — pardon, Monsieur, de
vous avoir parlé si longuement de tout
cela... seulement, vous le voyez, ma pauvre femme est encore plus à plaindre qu'à
blâmer... C'est la douleur de voir ses enfants pâtir qui l'a perdue... Interrogez sur

elle et sur moi maître Brossard... il vous dira que la Rose était la meilleure, la plus courageuse, la plus honnête fille qu'il ait jamais connue. Aussi, je vous en conjure, Monsieur, ne la méprisez pas ! pour l'amour de Dieu, ne la méprisez pas !

— Il ne faut pas mépriser les gens, — dis-je à Jean-Louis, — il faut tâcher de les guérir.

— Guérir ! la Rose !..... Hélas, Monsieur, il est trop tard.... il est trop tard !

— Qui sait ?... Il ne faut jamais désespérer. Adieu, monsieur Jean-Louis, la pluie a cessé ; la lune se lève de bonne heure, je retrouverai facilement mon chemin.

La sincérité de l'accent de Jean-Louis m'avait convaincu. Le lendemain, j'allai voir maître Brossard et le propriétaire de la petite maison du village d'abord occupée par Jean-Louis; ils me donnèrent sur cet excellent homme et sur sa femme les détails qui commencent ce récit. Maître Brossard avait rarement revu Jean-Louis depuis qu'il était allé demeurer si loin de la commune, et aux questions de son ancien maître sur sa position, le journalier, fier comme un homme honnête et laborieux, avait toujours répondu que son travail lui suffisait. Jean-Louis, à son insu, cédait peut-être aussi à la crainte

d'entendre le fermier lui dire : — « Je t'a-
« vais averti.... tu n'as pas voulu m'écou-
« ter, » — toujours est-il qu'il tint secrète
sa cruelle misère. Maître Brossard et sa
femme furent aussi surpris que conster-
nés de ma révélation ; aussi, lorsque je
leur confiai mon projet, l'accueillirent-ils
avec empressement sans cependant compter beaucoup sur sa réussite.

Évidemment, selon moi, l'espèce d'a-
néantissement physique et moral de la
Rose avait trois causes :

Sa douleur navrante de s'être vue si
longtemps réduite à une inaction forcée,
elle si active, en présence de la misère et
des privations de ses enfants qu'elle était
impuissante à soulager.

L'affaiblissement et les absences d'esprit qui suivirent la brusque suppression du lait de la femme de Jean-Louis, phénomène malheureusement fréquent en suite de pareils accidents.

Enfin, l'abus de l'eau-de-vie qui, tantôt jetait cette infortunée dans un accès de délire, tantôt dans une sorte d'idiotisme.

Il me parut donc qu'une soudaine et heureuse secousse pourrait peut-être sortir la Rose de la torpeur où elle était plongée après ses jours de surexcitation factice. Vers les midi, et le surlendemain du jour où j'avais vu cette famille pour la première fois, maître Brossard, sa femme et moi, nous nous dirigeâmes vers la demeure de Jean-Louis, et nous descendîmes de la carriole du fermier, derrière laquelle suivait une de ses vaches, attachée par une corde. Le journalier était aux champs avec l'aîné de ses enfants ; les autres, entassés sur le grabat, se serraient les uns contre les autres pour se réchauffer, car la journée était pluvieuse et froide. Jean-Louis, de crainte d'un nouveau malheur, n'avait pas allumé de feu avant son départ ; la Rose, accroupie sur l'escabeau, son front dans ses mains, se tenait auprès de la cheminée, l'œil fixe, presque hébété ; à la vue du fermier, les enfants effarouchés se rencognèrent dans l'angle de la muraille où s'appuyait le lit.

—Ah! quelle misère, mon pauvre *papa!* — dit la fermière à son mari — ces pauvres petits n'ont que la peau et les os... vois donc, quelles guenilles!... Ils n'ont pas seulement de chemise.

— Ne songeons pas à cela maintenant, *la mère* — répondit maître Brossard, en déposant à terre un gros paquet qu'il venait de déballer de derrière sa carriole; ainsi qu'un chaudron et un panier dont il déficela le couvercle; pendant ce temps-là, maîtresse Brossard, qui ne pouvait retenir ses larmes, s'approcha de la femme de Jean-Louis, et lui dit, en lui mettant la main sur l'épaule :

— Eh bien! la Rose... c'est comme cela que tu m'accueilles?

La pauvre créature leva les yeux sur la fermière et resta muette...

— C'est moi.... la maîtresse Brossard; est-ce que tu es aveugle?... Tu ne me reconnais donc pas, ma fille?

— Ah! si... — répondit la Rose.

Et sa tête retomba sur sa poitrine; la fermière se rapprochant alors de son mari, qui déballait divers objets d'habillement et les étalait à mesure sur le sol, prit deux ou trois petites robes d'enfant et les montrant à la femme de Jean-Louis, lui dit :

— Vois donc, la Rose... les bonnes petites robes... les bonnes petites chemises?

— Ah! oui, — répondit la Rose.

Et son regard morne sembla s'animer un peu.

— Et ces béguins d'indienne — reprit la fermière. — Vois donc comme ils sont gentils!

— Oh! oui, — reprit-elle encore — ah! oui, c'est vrai!

— Et ces petits pantalons de droguet avec la veste pareille? et ces bons bas de laine? et ces sabots mignons? vois donc! ma fille! vois donc!

La Rose, d'abord affaissée sur elle-même, s'était redressée sur son escabeau; puis, se levant soudain, elle joignit les mains avec ébahissement en s'écriant:

— Oh! combien en voilà de bons petits effets!... combien en voilà!

— Pardi! pour habiller tes cinq mioches...

— Sans compter un rechange pour chacun, il en faut des effets, ma fille!...

La Rose regardait la maîtresse Brossard sans comprendre encore, et elle répondit machinalement :

— Ah! oui, il en faut des effets!

— Ma pauvre fille, tu ne me comprends donc pas? Ces habits, c'est pour tes enfants! mais il faut d'abord les bien débarbouiller, après ça, nous les rhabillerons, et puis nous savonnerons leurs chemises de rechange pour rendre la toile moins rude...; ensuite, nous ferons la *potiche* au lard pour Jean-Louis, ce soir, au retour des champs... puis nous trairons ta vache.

La Rose regardait autour d'elle d'un air abasourdi, presque effaré.

— Maîtresse Brossard, — dis-je à la fermière, — parlez brusquement à la Rose, comme vous lui parliez lorsqu'elle était votre servante... Il se peut que cela frappe et réveille son esprit.

La fermière me fit un signe d'intelligence, et s'écria d'une voix brève et un peu criarde :

— Allons, la Rose !... de la bremaille et du bois au foyer ! vite, vite, ma fille !... Est-ce que l'on reste engourdie comme cela... allons donc ! allons donc !

La Rose, à cette voix, à cet accent si connus d'elle, se leva soudain et obéit machinalement ; elle courut au foyer, le remplit de bruyères sèches et dit :

— Et les allumettes, maîtresse ?

— En voilà, — reprit le fermier en ouvrant l'étui de sa pipe et donnant une allumette à la Rose qui l'approcha des bremailles ; aussitôt le feu flamba.

— Eh bien ! ma fille, reprit impétueusement la fermière, te voilà encore les bras croisés, ne faut-il pas mettre le chaudron sur ce feu ?

— Le chaudron, maîtresse ?

— Oh ! quelle tête !... quelle *ustuberlue !* Eh ! oui ce chaudron !

Et la fermière montra à la Rose le chaudron dans lequel maître Brossard, sur un signe de sa femme versait le contenu d'un seau qu'elle était allée remplir au puits.

— Allons, vite vite !

— Voilà, maîtresse, voilà! — répondit la Rose en prenant l'anse du chaudron... mais elle ne put le soulever de terre.

— Pauvre fille! — dit tout bas maîtresse Brossard à son mari, — faut-il qu'elle ait *pâti !* Elle, autrefois si forte ! elle, qui vous aurait enlevé de chaque main un chaudron pareil sans broncher...

Puis, prenant l'anse du vase de cuivre afin d'aider la Rose, elle ajouta :

— Allons, je vas t'aider... mais tu es joliment *chiffe*, aujourd'hui !

— Dame !... maîtresse.

—Ta, ta, ta! pas tant de raisons!.. Vite le chaudron au feu, et, pendant que l'eau va chauffer, tu vas aller traire la vache, car voici midi, et la traite est en retard. Oh! quelle *pôque* j'ai là!... une vraie tortue!

— Dame!... maîtresse, donnez-moi le temps aussi!

—Oh! le temps... le temps! on a toujours du temps de reste quand on sait bien l'employer. Passe devant, ma fille, et plus vite que ça! Bon! Et ton seau que tu oublies! — ajouta la fermière en mettant à la main de la Rose le seau du puits.

Maître Brossard avait attaché près de la

porte la vache qu'il avait amenée derrière sa carriole ; la Rose, son seau à la main, s'accroupit devant la belle génisse laitière, et commença de la traire... lentement d'abord, s'arrêtant parfois pensive, cherchant sans doute à relier le fil de son incertaine pensée, ne sachant si elle veillait ou si elle dormait ; on voyait facilement sur ses traits qu'ayant à peine conscience de ses actions, elle obéissait machinalement à ses habitudes d'autrefois ; sa raison, encore à demi-engourdie, ne se réveillait pas encore ; deux ou trois fois les mains de la Rose cessèrent de presser les trayons de la vache... elle regarda de côté et d'autre d'un air surpris, leva ensuite les yeux au ciel comme si elle eût cherché à rassembler ses souvenirs, puis sa tête retomba sur sa poitrine, et elle continua de traire, tantôt lentement, tantôt avec une activité fiévreuse.

— Et maintenant, — dit la fermière, — ce bon lait chaud et crèmeux, je sais bien qui est-ce qui va le boire lorsque j'y aurai mis tremper quelques tranches de pain.

Maîtresse Brossard, avisant une vieille terrine de grès, prit de l'eau dans le chaudron, la lava, la remplit de lait après que maître Brossard y eut rangé des tranches de pain qu'il coupait à une *miche* dont il s'était muni. Les enfants battirent les mains de joie et s'assirent à l'entour de la terrine ; la Rose les suivait des yeux sans mot dire... mais bientôt cependant son regard se mouilla ; elle sourit amèrement, et murmura :

— Comme ils ont faim, mon Dieu! jamais je ne les ai vus manger comme ça!... comme ils ont donc faim!

— Et quand ils auront bien mangé, ma fille — reprit la fermière, — nous les vêtirons ; en attendant, aide-moi à ranger les effets sur le lit ; lorsque tes enfants seront habillés, nous irons avec eux promener ta vache à la corde ; nous rentrerons pour le savonnage, et mettre au feu le *potiche* au lard pour Jean-Louis ; j'ai apporté ce qu'il faut.

— Oui, maîtresse, — répondit la Rose d'un air pensif, — mais comment ça se fait-il que vous soyez ici et que mes enfants mangent du lait?... comment! est-ce que j'ai une vache à présent? car enfin... hier... hier... et s'interrompant, en portant ses deux mains à son front, elle ajouta : — Hélas! mon Dieu! la tête me fend... est-ce que je deviens folle?

— Allons, vite... l'eau est chaude, — dit la fermière, — débarbouillons les mioches ; nous les habillerons après.

A mesure que l'un des enfants était proprement habillé, la Rose l'embrassait avec des élans de joie et de tendresse mêlés de larmes, murmurant à demi-voix :

— Comment ça se fait-il?... Qu'est-ce qu'il m'arrive? je ne m'y reconnais plus!

Mais lorsque la femme du journalier vit autour d'elle tous ses enfants proprement et chaudement vêtus, l'excès du bonheur opéra sans doute une révolution dans son esprit; ses souvenirs jusqu'alors confus devinrent lucides, et, pour la première fois depuis l'arrivée de la fermière, les traits de la Rose exprimèrent une honte profonde et douloureuse; elle cacha sa figure entre ses deux mains et fondit en larmes.

— Eh bien! ma fille, — lui dit la fermière de plus en plus attentive, — pourquoi pleurer ainsi?... Il n'y a pourtant rien d'attristant à ce qui se passe.

— Ah! maîtresse, ça me saignait si fort le cœur de voir mes enfants souffrir sans y pouvoir rien... que je m'en suis ressentie comme hébétée... depuis la nuit où mon lait s'est arrêté... Les forces me manquaient. Mes enfants seraient tombés dans le feu que je n'aurais peut-être pas eu ni la force ni le courage de les en retirer... Et puis est venu le jour où, pour la première fois, par hasard, j'ai bu de l'eau-de-vie...

ça m'a étourdie. Tant que durait l'étourdissement, j'étais comme morte. Je n'entendais ni ne voyais rien... Quand je revenais à moi... et que je me trouvais avec mon pauvre Jean-Louis et mes enfants, leur vue me faisait un si grand mal, si grand mal, que je n'avais d'autre idée que de redevenir comme morte en buvant encore de l'eau-de-vie... et, pour en acheter, j'ai volé mon pauvre homme. Ce matin, quand vous êtes venue, maîtresse, et que vous m'avez commandé, comme autrefois à votre ferme, de mettre le chaudron sur le feu... de traire la vache... de savonner; c'était pour moi comme un rêve, ça m'a porté un coup, j'allais, je venais sans savoir pourquoi et comme si on m'avait menée par la main ; je sentais que je n'étais plus votre *pôque* comme autrefois, cependant il me semblait que vous étiez encore ma maîtresse. Enfin, que voulez-vous que je vous dise? ça bouillait si fort dans ma tête, que je croyais à chaque instant qu'elle allait se fendre... pourtant j'avais par-ci, par-là, comme des éclairs de souvenance ; je me rappelais le temps où, avant que mon lait n'ait tari, j'étais si malheureuse à cause de mes enfants ; mais quand tout d'un coup je les ai vus si bien manger et si gentiment vêtus, ce qui avait toujours été mon idée depuis que je les ai... on m'aurait dit qu'on m'enlevait une taie de dessus les yeux... mon sang n'a fait qu'un tour, je me suis souvenu de tout, de tout...

et j'ai honte... grand honte, car, je le vois bien, je ne suis qu'une malheureuse... Hélas! mon Dieu! j'ai dû causer beaucoup de chagrin à mon pauvre homme.

. . . .
. . . .

De ce moment, la guérison de la Rose fut en bonne voie et s'acheva. Très-peu de temps après ces évènements, j'eus le bonheur de pouvoir placer Jean-Louis comme journalier *à l'année* chez un excellent homme de mes voisins. La Rose fut chargée du soin de l'étable ; elle gagna 15 fr. par mois ; son mari 50 fr.. Ils eurent de plus le logement et la jouissance d'un jardin. Le ménage était sauvé ; car, avec 45 fr. par mois, le logis et un quartier de terre, la famille, tout en subissant encore de grandes privations, pouvait du moins matériellement vivre et attendre le temps où, les enfants grandissant, arriveraient successivement à l'âge où ils gagneraient leur pain... *si le travail ne leur manquait pas.*

FIN.

Impr. de E. Dépée, à Sceaux.

EN VENTE :

LE BOUT DE L'OREILLE
PAR A. DE GONDRECOURT.
7 volumes in-8. (*Ouvrage complet*).

UNE VIEILLE MAITRESSE
PAR JULES BARBEY D'AUREVILLY.
5 volumes in-8. (*Ouvrage complet et inédit*).

LE CAPITAINE LA CURÉE
PAR LE MARQUIS DE FOUDRAS.
4 volumes in-8. (*Ouvrage complet*).

LA FÉE DES GRÈVES
PAR PAUL FÉVAL.
5 volumes in-8. (*Ouvrage complet*).

LES OUVRIERS DE PARIS
PAR ANDRÉ THOMAS.
4 volumes in-8. (*Ouvrage complet*.)

Impr. de E. Depée, à Sceaux.

www.ingramcontent.com/pod-product-compliance
Lightning Source LLC
Chambersburg PA
CBHW072014150426
43194CB00008B/1109